石河子大学哲学社会科学优秀学术著作出版基金资助

经济管理学术文库 • 经济类

中国与“一带一路”国家产品空间与动态比较优势研究

Research on Product Space and Dynamic Comparative Advantages of China and the Belt and Road Countries

陈 砺／著

经济管理出版社

ECONOMY & MANAGEMENT PUBLISHING HOUSE

图书在版编目（CIP）数据

中国与“一带一路”国家产品空间与动态比较优势研究/陈砺著．—北京：经济管理出版社，2020.9

ISBN 978－7－5096－7335－5

Ⅰ.①中…　Ⅱ.①陈…　Ⅲ.①对外贸易—商品—研究　Ⅳ.①F746

中国版本图书馆CIP数据核字(2020)第146636号

组稿编辑：郭　飞
责任编辑：曹　靖　郭　飞
责任印制：黄章平
责任校对：陈晓霞

出版发行：经济管理出版社
（北京市海淀区北蜂窝8号中雅大厦A座11层　100038）
网　　址：www. E－mp. com. cn
电　　话：(010) 51915602
印　　刷：北京玺诚印务有限公司
经　　销：新华书店
开　　本：720mm×1000mm/16
印　　张：11
字　　数：201千字
版　　次：2020年9月第1版　　2020年9月第1次印刷
书　　号：ISBN 978－7－5096－7335－5
定　　价：78.00元

前　言

2008 年金融危机之后，当今世界正在发生深刻复杂的变化，国际金融危机造成的深层次影响继续凸显，世界经济缓慢复苏，新一代国际贸易投资格局与规则正在发生深刻的调整。新形势下世界各国面临的经济发展问题依然严峻，面对国际经济合作和竞争格局的深刻变化，2013 年由中国提出的“丝绸之路经济带”和“21 世纪海上丝绸之路”（以下简称“一带一路”）倡议，旨在加强沿线国家基础设施建设，畅通欧洲、东南亚等国家贸易与投资。实施“一带一路”倡议，国际贸易领域是一个重点，比较优势理论一直被视为国际贸易理论的重要基础。在经济全球化的推动下，传统贸易理论与国际分工不断深化发展之间出现不相匹配的状况。静态比较优势理论会导致发展中国家陷入“比较优势陷阱”；而动态比较优势理论却无法解释当今社会中出现的“产业空心化”、“中等收入之谜”和“中国出口增长之谜”等经济现象。从产品角度出发提出的产品空间理论，由以往研究生产要素角度转向研究某一类产品，从单一研究比较优势产品转向研究比较优势产品和潜在比较优势产品的动态变化过程，能够很好地解释当前出现的经济现象和问题，可以弥补静态比较优势理论的不足，揭示出比较优势动态变化的机理和动因及一般规律。产品空间理论和动态比较优势理论为企业生产结构转变和培育比较优势产品，为国家产业结构调整和升级等问题提供了新的研究视角和参考依据。

本书对动态比较优势理论和产品空间理论发展过程进行了梳理，分析了动态比较优势理论及产品空间理论发展过程和特点，重点阐述了“一带一路”沿线国家产品空间和动态比较优势的演变趋势，并从产品空间视角对比较优势的影响进行了实证分析。本书主要围绕以下问题展开：①产品空间与比较优势动态变化的内在机理。②产品空间分布结构和演变趋势。③产品空间与产品动态比较优势的实证分析。④如何选择和培育未来具有比较优势产品和产业。

首先，对“一带一路”沿线国家贸易及比较优势动态变化进行分析。①中国近年来对外贸易发展势头强劲，2013 年首次超越美国成为世界第一大货物贸易国。2015 年和 2016 年中国对外贸易出现下滑，主要是由于全球经济低迷、汇率波动等综合因素造成。说明中国依靠低成本发展外贸的时代已经结束，中国在国际市场上的比较优势处于转换过程中，传统竞争优势正在逐步消失，新的竞争优势培育尚需一段时间。中国进出口产品结构中初级产品相对较少，主要是工业制成品。②中国与“一带一路”沿线国家贸易发展势头良好，中国与“一带一路”沿线国家贸易主要集中在东南亚和西亚。进口主要集中在马来西亚、泰国、沙特阿拉伯和俄罗斯等国家，出口主要集中在印度、越南、俄罗斯、马来西亚和新加坡等国家。原料类产品和一些技术含量较高的产品是中国从“一带一路”沿线国家进口的主要商品类型，目前主要是以初级产品为主。③中国出口工业制成品的复杂程度明显高于出口初级产品的复杂程度，并且出口工业制成品与出口初级产品的差距不断拉大，进一步验证了中国出口产品由初级产品向工业制成品转变。一国（地区）出口技术复杂度的快速提高与一国（地区）某一行业积极从事国际垂直专业化分工密不可分，对一国（地区）出口商品结构转变发挥重要作用。由此得出“一带一路”国家中俄罗斯、哈萨克斯坦、印度等出口比较优势产品的增长空间很大。

其次，产品空间对动态比较优势作用的机理，以及对“一带一路”沿线主要国家贸易产品空间的构建与演变趋势进行分析。①通过产品比较优势和产品距离的测算方法，发现产品中心度和产品密度与比较优势之间的变动关系。②通过对“一带一路”沿线主要国家贸易产品空间的构建与演变趋势分析，发现1995 ~ 2017 年“一带一路”沿线国家的显示性比较优势（RCA）指数变化明显。“一带一路”沿线国家在 SITC0、SITC2、SITC6 和 SITC8 大类产品上的中心度相对较高，产品空间表现较为集聚，而与其他大类产品距离较为疏远。③1995 ~ 2017 年“一带一路”沿线国家的部分产品密度波动较大，总体上看，有些国家所有产品密度都有增加或减少趋势，比如约旦和新加坡。产品密度变化与一国（地区）特有的资源禀赋和生产技术等生产要素的投入以及发挥自身比较优势进行专业化分工和生产有关。

最后，基于“一带一路”沿线国家相关数据，对产品空间和动态比较优势关系进行实证分析。主要包括“一带一路”沿线国家产品空间与动态比较优势实证分析，中国产品空间与动态比较优势实证分析，“一带一路”沿线国家工业制成品产品空间与动态比较优势实证分析，以及中国工业制成品产品空间与动态比较优势实证分析。①实证分析发现，产品空间与动态比较优势之间呈 U 形关系，即上期产品密度在短期内对当期产品比较优势影响显著为负，但长期来看则对当期产品比较优势影响显著为正。产品密度越高，该产品所在高密度区域一般聚集着大量的相似产品，聚集具有比较优势的相似产品可能性也较高。②产品转型初期，由于同类产品或相似产品之间存在一定的竞争性和替代性，上期产品密度对该产品当期成为比较优势产品影响为负。随着转型产品生产规模不断扩大，该产品不断吸收和学习周围聚集的具有比较优势的相似产品带来技术和知识扩散的好处，使得该产品当期成为比较优势产品可能性提高。因此上期产品密度对该产品当期成为比较优势产品影响显著为正，距离上期比较优势产品越近的产品越容易成为当期比较优势产品。③进一步将产品分为比较优势产品和潜在比较优势产品，考察上期产品密度对当期产品比较优势的影响程度。由于产品之间结构转换具有一定的时效性，上期具有比较优势产品在产品转型初期，该产品在当期可能依然是比较优势产品，随着转型产品生产规模扩大，该产品不一定具有比较优势。对于上期具有潜在比较优势产品，在产品转型初期，该产品成为当期比较优势产品的概率较低，但长期看成为当期比较优势产品的概率较高。因此，一种产品不可能长期处于比较优势或比较劣势状态，随着技术水平的提高和知识扩散，以及生产结构的转换，当前产品可能由比较优势产品转变为比较劣势产品，而一些潜在比较优势产品可能成为当期比较优势产品。因此，有针对性地进行产品升级或转变生产方式，以及有目的地培育潜在比较优势产品，对该产品成为比较优势产品有较大影响和指导意义。

本书的贡献在于：①关于"一带一路"贸易方面的研究文献较多，而从产品空间角度研究"一带一路"沿线国家产品空间对动态比较优势的影响较少，本书研究为促进"一带一路"沿线国家经贸发展提供了思路。②从产品角度出发，探讨选择和培育"一带一路"沿线国家具有比较优势的产品和产业，为企业有计划地组织生产和出口，为政府部门制定贸易政策和产业政策提供参考依据。③考虑到产品是生产要素投入和技术水平等方面的最终载体，而出口产品具有较强的生命力和竞争力，本书从出口产品视角出发，考察产品密度对动态比较优势的影响，能较好地分析产品空间分布结构和演变趋势，以及选择和培育具有比较优势的产品和产业。

目 录

第1章　绪论

1.1　研究背景及意义

1.1.1　研究背景

2008 年金融危机之后，当今世界经济和贸易形势正在发生深刻复杂的变化，国际金融危机导致的深层次影响依然存在，全球化遭遇挫折，世界经济发展缓慢，新一代国际贸易投资格局和规则正发生深刻的调整。新形势下世界各国面临的经济发展形势依然严峻，国际经济合作和竞争格局正在发生深刻的变化，随着全球经济的缓慢复苏，加强区域合作和交流是推动世界经济发展的重要动力，也是一种发展趋势。2013 年中国提出“丝绸之路经济带”和“21 世纪海上丝绸之路”（以下简称“一带一路”）倡议，得到国际社会的高度重视和有关国家的积极响应，“一带一路”倡议旨在加强沿线国家基础设施建设，畅通欧洲、东南亚等国家的贸易与投资，目前已有超过 100 多个国家和国际组织参与实施了该倡议。

“一带一路”倡议，是中国政府根据国际和地区形势的深刻变化，国际经济形势缓慢复苏大背景下，以及中国目前发展面临的新形势和新任务，致力于维护全球自由贸易体系和开放型经济体系，实现沿线各国强烈的合作交流诉求，具有深刻的时代背景。“一带一路”倡议是顺应世界多极化、经济全球化、文化多样化、社会信息化发展趋势，秉持开放的区域合作精神，致力于维护全球自由贸易体系和开放型的世界经济。共建“一带一路”旨在促进经济要素有序自由流动、资源高效配置和市场深度融合，推动沿线各国实现经济政策协调，开展更大范围、更高水平、更深层次的区域合作与交流，共同打造开放、包容、均衡、普惠的区域经济合作架构。共建“一带一路”符合国际社会的根本利益，是国际合作以及全球治理新模式的积极探索。

改革开放40多年实践证明，对外开放、引进技术和出口商品都是中国经济持续快速增长的重要动力。新时期国内经济增长缺乏动力，中国面临产能过剩、改革进入深水区、东中西区域发展差距拉大等问题，再加上邻国与中国加强合作意愿普遍上升等，需要新的形式拉动经济发展。

中国经济发展和世界经济高度关联，中国作为世界上最大的发展中国家，将继续贯彻对外开放政策，构建全方位开放新格局，深度融入世界经济体系。推进“一带一路”建设既是中国扩大和深化对外开放的需要，也是加强与世界各国互利合作的需要。在这种特殊背景下，中国提出“一带一路”倡议，是作为负责任大国为世界经济与和平发展做出的重大贡献。“一带一路”建设将遵循坚持开放合作、和谐包容、市场运作、互利共赢的基本原则，坚持共商、共建和共享的宗旨，将政治互信、经济互补和地缘优势转化为务实合作和持续增长的优势，目标是在通路、通航的基础上通商，形成和平与发展新常态。“一带一路”建设将充分依靠并借助中国与有关国家既有的双边和多边机制以及区域合作平台，为中国、沿线国家和地区发展带来新的发展机遇和更广阔的发展空间。

中国提出的“一带一路”倡议，贯通中亚、东南亚、南亚、西亚以及欧洲部分区域，共涉及65个国家，覆盖约44亿人口，经济总量占全球经济总量的一半以上，市场发展潜力巨大。中国经济和世界经济高度关联，通过“一带一路”建设，一方面可以应对经济危机带来的各种影响，另一方面能把中国的发展与沿线国家的发展对接起来，带动周边国家的经济发展。中国提出的“一带一路”及设立自贸区的新战略，以开放带动改革，以改革促进发展，为中国和沿线国家对外贸易和投资以及经济发展，提供了更加广阔的空间。“一带一路”沿线国家众多，各国资源禀赋各异，经济发展水平差距较大，“一带一路”倡议的提出为沿线国家提供了前所未有的发展机遇，目前各国之间经贸合作势头良好，发展空间巨大。在“一带一路”背景下，如何更好地发挥沿线国家的比较优势，积极参与到“一带一路”建设和发展当中，实现沿线国家共同发展值得研究。

实施“一带一路”倡议，国际贸易是一个重点领域，比较优势理论一直视为国际贸易理论的重要基础。在国际贸易理论中，亚当·斯密（1776）首次提出了绝对优势理论，他认为世界各国应该集中生产本国绝对优势的产品并出口，可以促进本国经济发展。大卫·李嘉图在此基础上提出了比较优势理论和根据各国间劳动生产率差异的比较成本理论。虽然这是国际贸易理论的一次重大进步，但其单一要素理论的局限性仍不能很好地解释很多经济现象，新古典贸易理论突破了这一局限。赫克歇尔—俄林提出要素禀赋理论（H－O理论），该理论认为由于各国要素禀赋各异，一国主要生产并出口本国密集使用的生产要素，进口本国稀疏要素的产品，一国要素禀赋会影响比较优势产品的生产和出口。

静态比较优势理论为动态比较优势理论提供了基础，传统比较优势理论为产品和产业升级提供方向，却解决不了“产业空心化”“制造业回归”等当代经济现象，产品空间理论很好地解决了这些问题。从产品角度出发可以确定一国（地区）比较优势产品和产业，产品密度影响产品和产业升级的发展路径，考虑到产品空间与比较优势之间会有某种动态联系，基于此，本书研究“一带一路”背景下，产品空间与动态比较优势关系及发展规律，从而促进沿线国家更好地发挥比较优势。

1.1.2 研究问题

在经济全球化的推动下，社会分工不断细化，进而传统贸易理论与国际分工不断深化发展之间出现了不相匹配。静态比较优势理论忽略了时间与技术影响，未考虑要素会随着时间变化而变化（孔庆峰、陈蔚，2008）。伴随着日益深化的国际分工和国际贸易格局，按照静态比较优势理论发展，会导致发展中国家陷入“比较优势陷阱”。因此有必要按照现代经济的发展特点和趋势，研究动态比较优势理论的演进。

随着Romer（1986）内生增长理论的兴起，研究逐渐将技术视为内生变量，并从“干中学”、创新和要素积累等不同角度阐释动态比较优势的演化进程，但却无法解释当今社会中出现的“产业空心化”“中等收入之谜”“中国出口增长之谜”等经济现象。杨小凯（1999）认为比较优势具有内生性和动态性，可以有意识地对比较优势进行干预，前提是要弄清楚比较优势的内在规律性，同时可解决现实中出现的经济问题。那么比较优势变动的内在决定因素是什么？有何内在机理和发展规律？对此问题进行思考和研究，可以认清比较优势动态发展的内在机制和演变规律，帮助政府和企业识别优势产品和产业，实现产品结构转变和产业转型升级。

上述研究促进了比较优势理论的发展，而从产品角度提出的产品空间理论，能够很好地解释当代出现的经济现象和问题。本书对动态比较优势理论和产品空间理论发展过程进行了梳理，分析了动态比较优势理论及产品空间理论发展过程和特点。本书将重点研究产品空间分布对比较优势变化的影响，并利用“一带一路”沿线国家相关数据，从国家层面和产品层面对其进行实证分析。本书尝试解决以下几个问题：①产品空间分布与比较优势动态变化的内在机理。②产品空间分布和演变趋势。③产品空间与动态比较优势的实证分析。④如何选择和培育未来比较优势产品和产业。

1.1.3 研究意义

1.1.3.1 理论意义

（1）产品空间理论和动态比较优势理论一脉相承。本书以动态比较优势理论为基础，从以往研究生产要素角度转向研究某一类产品，从研究比较优势产品转向研究比较优势产品和潜在比较优势产品的动态变化过程，根据比较优势产品动态变化进一步探讨企业生产结构的转变等问题。产品空间理论和动态比较优势理论是传统比较优势理论的延伸与拓展，丰富和发展了比较优势理论。

（2）静态比较优势理论已不能解释现实中的一些经济现象，比如“产业空心化”“中国经济增长之谜”“制造业回归”等现实问题。本书采用产品空间理论和动态比较优势理论，能够很好地解释当代经济现象，可以弥补静态比较优势理论的不足，揭示比较优势动态变化机理和规律，为引导企业组织生产和产业结构调整和升级提供理论支撑。

1.1.3.2 实践意义

（1）本书分别从产品角度和国家角度出发，跳出以往生产要素角度，研究一国（地区）产品空间与动态比较优势关系，选择和培育潜在比较优势产品。根据产品空间对动态比较优势的影响与变化趋势，识别优势产业和潜在比较优势产品。对企业合理地组织生产与结构转变，引导企业根据自身优势进行产品升级和生产结构转换，对政府部门进行产业结构调整，制订合理的贸易政策和产业政策等方面，提供了新的研究视角和参考依据。

（2）基于“一带一路”沿线国家出口贸易和比较优势动态变化，以及产品空间与动态比较优势演变规律，倒逼“一带一路”沿线国家（地区）和企业进行有益的改革和创新。基于企业自身资源发现和培育比较优势产品和潜在比较优势产品，合理安排生产和产品结构转变，对于政府调整产业结构，促进经济增长方式转变，促进贸易产品优势互补，具有一定的现实意义。

1.2 研究目标、研究方法和技术路线

1.2.1 研究目标

（1）通过分析产品空间分布对动态比较优势的影响，揭示比较优势动态变化的机理和动因。根据产品空间分布和比较优势变动规律，明确“一带一路”沿线国家产品空间分布规律和比较优势产品情况，使沿线国家明确自身优势和发展方向。

（2）根据产品密度，构建“一带一路”沿线国家产品空间分布图，根据产品空间分布演进趋势，分析一国（地区）比较优势产品的动态发展过程。

（3）通过分析产品空间对动态比较优势的影响机制，发现产品动态比较优势演进的一般规律。由于产品空间的高度异质性与不连续性以及比较优势的内生性，为政府实施相应的政策提供了空间，因此根据动态比较优势发展规律，为一国（地区）和企业选择与培育优势产业和潜在比较优势产品提供参考。

1.2.2 研究方法

本书基于经济学与国际贸易学相关理论，采用定性和定量相结合的分析方法，通过系统分析产品空间与动态比较优势的关系及其影响程度，对相关问题进行实证研究。

（1）采用文献梳理法。通过分析比较优势理论演进过程，梳理出与动态比较优势与产品空间相关理论与文献，对产品空间理论与动态比较优势的形成及演进过程进行逻辑分析。

（2）采用比较分析的研究方法。通过测算“一带一路”沿线国家出口产品结构和贸易发展状况及产品动态比较优势，对比分析产品空间与动态比较优势的关系，为一国（地区）和企业选择与培育优势产业和潜在比较优势产品与出口提供依据。

（3）采用规范与实证相结合的方法。根据国际贸易和产品空间相关理论，对产品空间与动态比较优势之间内在机理进行论证，该部分采用规范分析方法。进一步通过选取指标和收集数据、指标测算以及采用计量回归等方法，实证分析

产品空间对动态比较优势的影响，该部分主要有“一带一路”沿线国家产品空间与动态比较优势实证分析，中国产品空间与动态比较优势实证分析，“一带一路”沿线国家工业制成品产品空间与动态比较优势实证分析，以及中国工业制成品产品空间与动态比较优势实证分析。

1.2.3 技术路线

本书根据动态比较优势和产品空间相关理论，结合研究背景对“一带一路”沿线国家动态比较优势进行分析。根据产品空间对动态比较优势的影响机理分析，得出中国和“一带一路”沿线国家产品空间演变趋势和规律，最后分别对中国与“一带一路”沿线国家所有产品以及分产品的工业制成品的产品空间与动态比较优势关系进行实证分析，本书的技术路线如图 1.1 所示。

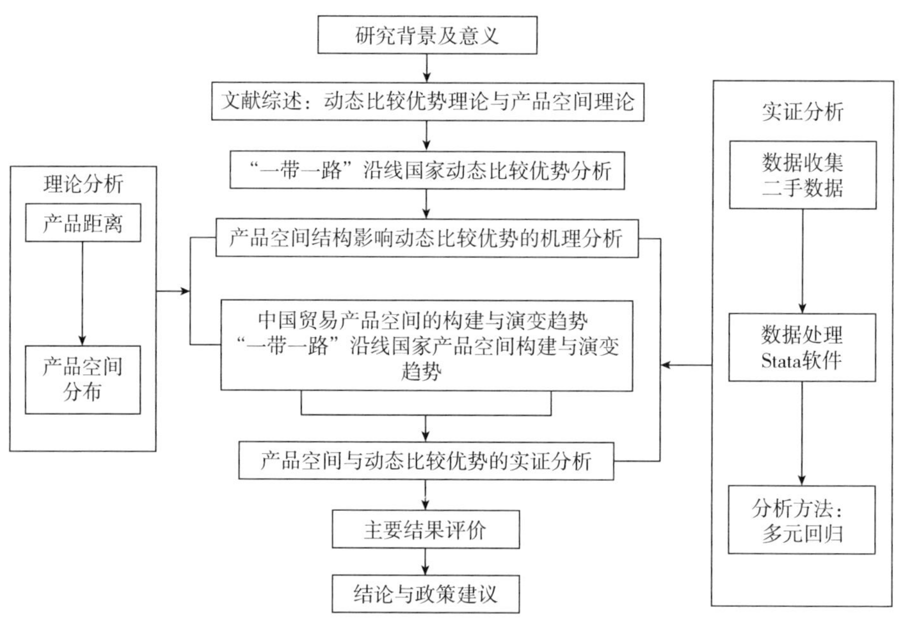

图 1.1 本书的技术路线

1.3 研究思路与研究内容

1.3.1 研究思路

本书根据现有理论和文献，主要解决以下问题：一是根据产品空间分布对动态比较优势的影响，揭示出比较优势变化的机理和动因及规律；二是通过对产品空间的构建发现产品空间演变趋势，从产品角度提出相应的动态比较优势发展规律；三是根据产品空间对动态比较优势的影响和规律，使"一带一路"沿线国家有计划地制定产业调整升级政策和贸易政策，企业发现和培育潜在比较优势产品，合理地进行生产结构转变和产品结构升级。

1.3.2 研究内容

本书主要研究内容包括以下章节：

第1章 绪论。根据本书研究背景，结合静态比较优势理论、动态比较优势理论和产品空间理论，提出研究问题，对研究的理论意义和现实意义进行阐述。

第2章 文献综述。从静态比较优势理论、动态比较优势理论和产品空间理论出发，对相关理论进行梳理和分析并进行述评。对产品距离、产品密度等基本概念进行界定和解读，为第4章的产品空间对动态比较优势作用机理分析、第5章的产品空间构建以及第6章的实证分析提供理论依据。

第3章 中国与"一带一路"沿线国家对外贸易发展状况分析。采用显示性比较优势（RCA）指数，分别测算和分析"一带一路"沿线主要国家的出口产品总体发展状况，产品比较优势及贸易格局变化，以及分析"一带一路"沿线国家的贸易现实与产品比较优势的关系。

第4章 产品空间对动态比较优势作用的机理分析。本章根据生产者理论，分析产品空间理论的作用机理，以及与动态比较优势的关系。为企业生产者进行生产布局和产品转换，以及判断比较优势产品和潜在比较优势产品提供理论依据。

第5章 "一带一路"沿线国家贸易产品空间的构建与演变趋势分析。以动态比较优势理论为基础，运用显示性比较优势（RCA）指数，测算产品邻近度和产品密度，构建贸易产品空间分布图，根据产品空间分布趋势，从产品层面分析比较优势产品的动态变化过程和规律。

第6章　中国与“一带一路”沿线国家产品空间与动态比较优势实证分析。实证分析包括：“一带一路”沿线国家产品空间与动态比较优势实证分析，中国产品空间与动态比较优势实证分析，“一带一路”沿线国家工业制成品产品空间与动态比较优势实证分析，以及中国工业制成品产品空间与动态比较优势实证分析四大部分。

第7章　结论与政策建议。通过对产品空间和动态比较优势理论进行实证分析，为“一带一路”沿线国家调整产业结构制定合理的产业政策，选择和培育比较优势产品等方面提供参考。

1.4　研究创新点和局限性

1.4.1　研究创新点

（1）关于“一带一路”沿线国家贸易方面的研究文献较多，而从产品空间角度研究“一带一路”沿线国家产品空间对动态比较优势的文献较少，本书研究为促进“一带一路”沿线国家经贸发展提供了思路。

（2）从产品角度出发，探讨选择和培育“一带一路”沿线国家具有比较优势的产品和产业，为企业有计划地组织生产和出口，为政府部门制定贸易政策和产业政策提供参考依据。

（3）考虑到产品是生产要素投入和技术水平等方面的最终载体，而出口产品具有较强的生命力和竞争力，本书以出口产品视角出发考察产品密度对动态比较优势的影响，能较好地分析产品空间分布结构和演变趋势，以及选择和培育具有比较优势的产品和产业。

1.4.2　研究局限性

（1）由于“一带一路”沿线国家众多，本书不能一一详细论述所有国家的产品空间结构演变过程和规律，主要以国家产品数据以及相关数据的可获得性为依据，研究“一带一路”沿线主要国家产品空间结构的演变趋势和选择培育优势产品，不能全面涵盖“一带一路”沿线所有国家。

（2）根据国际贸易标准分类（SITC）和联合国商品贸易统计数据库（UN Comtrade），对“一带一路”沿线主要国家和产品进行分析，本书只对沿线国家产品 SITC－1 位码和 SITC－2 位码进行分析，不能反映所有产品分类在产品空间中的演变趋势。

（3）由于相关资料和数据有限，未能结合某个具体企业分析产品空间和培育比较优势产品先后顺序，只能从宏观和中观层面给企业和政府部门提供参考。

第2章　文献综述

比较优势理论一直被视为国际贸易理论的重要基础。亚当·斯密（1776）首次提出了绝对优势理论，认为各国应该集中精力生产本国具有绝对优势的产品并出口，可以促进本国经济发展。大卫·李嘉图在此基础上提出了比较优势理论和根据各国间劳动生产率差异的比较成本理论。绝对优势理论和比较优势理论虽属古典贸易理论范畴，却是促进国际贸易理论的一次重大进步，但其单一要素理论的局限性仍不能很好地解释很多经济现象，新古典贸易理论突破了这一局限性。赫克歇尔—俄林提出资源要素禀赋差异的要素禀赋理论（H－O理论），由于各国要素禀赋存在差异，导致构成各国要素的价格存在差异，以及由要素构成的产品价格也有差异，这种价格差是国际贸易产生的根本原因。只有通过国际贸易才能使要素资源在全球范围内得到优化配置。随着经济全球化和社会分工的不断细化，传统贸易理论与现实经济现象出现了不符，静态比较优势理论中忽略了时间与技术影响，没有考虑要素会随时间变化出现差异从而导致比较优势的动态演进。随着日益深化的国际分工和国际贸易格局的改变，按照静态比较优势理论发展，会导致发展中国家陷入“比较优势陷阱”。因此有必要按照现代经济发展趋势，研究动态比较优势理论的演进。

2.1　静态比较优势理论

2.1.1　绝对优势理论

亚当·斯密（1776）在《国民财富的性质与原因的研究》（以下简称《国富论》）一书中提出绝对优势理论，证明自由贸易的有效性，绝对优势理论是自由贸易理论诞生的标志。该理论认为，各国根据自然条件和后天条件都有自己的优

势，分工和专业化可提高生产效率从而形成绝对优势，按绝对优势原则分工和交换的自由贸易是有效的；每个国家都可利用本国具有绝对有利的生产条件去进行专业化生产，提高生产效率，然后彼此进行交换，对所有交换国都是有利的，国民总体福利都得到提升。由自由贸易导致国际分工的形成，国际分工的形成是基于各国先天的自然禀赋以及后天创造出有利的生产条件。假设世界各国都按照各自拥有的优势资源进行分工和交换，如此进行下去，使得各国的资源、劳动力和资本等生产要素得到最大效用的发挥，从而促进总体劳动生产率的提高和物质财富的增加。

亚当·斯密关于分工可以提高劳动生产率，参与国际分工与国际贸易有利的观点有着现实意义，但是绝对优势理论对国际贸易发生原因的解释较为片面。可以解释具有绝对优势的国家如何参与国际分工与国际贸易，而对于不具有绝对优势的国家如何参与国际分工与国际贸易却无法解释。

2.1.2 比较优势理论

大卫·李嘉图（1817）在《政治经济学及赋税原理》一书中提出比较优势理论。他认为，在两国间劳动生产率的差距并不是在任何商品上都是相等的，对于处于绝对优势的国家应集中生产利益较大的商品，处于绝对劣势的国家应集中生产利益较小的商品，然后通过国际贸易互相交换，彼此都节省了劳动成本，都得到了好处。虽然比较成本理论在历史上发挥了进步作用，但其出发点认为世界是永恒不变的，永远处于静态均衡状态，并且比较成本理论只提出国际分工的依据，未能揭示出国际分工形成和发展的主要原因。

2.1.3 要素禀赋理论

20世纪初，赫克歇尔和俄林共同创立了要素禀赋理论，从要素禀赋角度探讨了国际贸易赋税的深层次原因，全面揭示了国际贸易发生的本质。它与比较优势理论并列为国际贸易的两大理论基石。

要素禀赋理论认为一国应生产和出口那些密集使用本国丰富生产要素的产品，即比较优势产品，进口那些密集使用本国稀缺要素的产品，即比较劣势产品。该理论克服了斯密和李嘉图贸易模型中的某些局限性，认为某种商品的生产需要各种生产要素的组合，而非单一的某类生产要素，比如劳动力或资本等，这种生产要素组合会影响劳动生产率和生产成本（孔庆峰、陈蔚，2008）。该理论认为，一国商品价格的相对差异是国际贸易产生的直接基础，而商品价格的相对差异归根结底是由各国拥有差异化的生产要素禀赋造成的，也就是说，要素供给差异导致要素价格差异的产生。

该理论在各国参加国际分工和专业化生产的依据上，比李嘉图的比较优势理论更深入和全面，指出了生产要素在各国对外贸易中的重要地位。但是该理论忽略了技术和生产力是国际分工和国际贸易发展的最重要因素，并且抹杀了国际生产关系，认为国际贸易最终可以促使各国收入均等化，对于穷国与富国收入与分配不平等问题，单纯地归为国际贸易以及市场机制问题。

综上所述，绝对优势理论、比较优势理论和要素禀赋理论奠定了国际贸易理论的基础，为动态比较优势理论研究提供了依据。由于比较利益建立在一国比较优势基础之上，其前提是假定各国生产条件不变以及生产要素不能自由流动，传统比较优势理论具有静态特征。处于经济全球化的当今世界，各国经济都要参与国际分工和国际交换，体现为静态比较优势向动态比较优势的转变。

2.2 动态比较优势理论

如果一国（地区）按照该国当前比较优势进行生产和贸易，短期内可以实现福利水平的提高，但长期看则会产生不利影响，因为比较优势不会长期存在。根据当前比较优势进行专业化生产，和他国或地区从事专业化生产获得动态贸易利益之间存在一个转换点（李永，2003），比如技术或政策等，这为实现动态比较优势提供了条件。动态比较优势理论是静态比较优势理论的延续与发展，它主要解释要素积累以及技术水平等因素是如何影响一国（地区）比较优势动态变化的，以及这种长期动态比较优势变化对一国（地区）对外贸易与经济增长的影响。早期对于动态比较优势理论的研究，主要是将技术作为外生变量考虑，因此认为各国劳动生产率保持不变进行研究。

2.2.1 技术作为外生变量的动态比较优势理论

根据发展中国家产业发展阶段阐述国际分工发展模式，日本学者赤松要（1932）提出了“雁行”理论，发达国家利用其先进技术出口产品，发展中国家通过学习和模仿发达国家技术进行生产，满足国内需要，规模扩大后利用本国劳动力优势出口该产品，该理论类似于产品生命周期理论。小岛清（1978）提出

“雁行发展模式”属于国际分工表现形式，根据比较优势进行产业转移，即日本凭借雄厚的资本和技术要素，带动周边国家产业的发展，通过动态比较优势参与国际分工促进产业升级和转移，最终实现集体前进。该理论在一定程度上解释了诸如“亚洲四小龙”等经济现象（林毅夫等，1999），但按照该理论发展，发展中国家将会极大地依赖发达国家的技术，不利于经济的可持续发展，因此要遵循雁行模式必须要求该国有相当完备的技术、外资和产业政策等方面相配合，才能克服其固有缺陷（王林生，1999）。李绍荣、李雯轩（2018）根据中国工业企业数据库数据进行实证分析，发现中国雁行模式发展具有特殊性，技术水平差异是构成产业在地区间梯度分布差异以及不同产业集群类型差异的原因。

Posner（1961）提出“技术差距理论”，由于两国存在技术模仿时滞和需求时滞，先行进行技术创新的国家与其他国家间存在技术差距，在技术密集产品上具有比较优势，这种优势是由技术水平差距带来的，也是动态变化的，而国际贸易的发生会使技术差距缩小，直至贸易结束。该理论认为技术水平差异促使国际贸易发生，一国（地区）只有不断创新和提高本国技术水平才能发挥比较优势。Markusen 和 Svenson（1985）进一步研究发现，技术差距可以解释发达国家之间同一行业内产品之间的贸易即产业内贸易，两国在生产技术上的细微差别可以导致劳动生产率的差异，最终分工与贸易格局是两国各自生产并出口劳动生产率相对较高的产品。Krugman（1979）验证了技术进步对不同国家带来的效果和影响程度是不同的，发达国家技术进步更多体现在出口产品上，产品承载大量技术水平从而使该产品更具有比较优势，同时可获得更多的利益，发展中国家也拥有更大的进步空间和动力，技术进步对两类国家都有好处，提高了整体福利水平（Matsuyama，1991；Redding，1999），因此任何类型国家，都应该积极促进本国技术进步（Lucas，1988，1993）。Svenson 等（1991）认为一国（地区）比较优势会通过生产和出口产品体现出来，比较优势产品的选择主要是根据该国生产效率决定（Nishimizu，1986；Matsuyama，1992），而技术水平高低决定生产率高低。傅元海等（2014）研究了技术进步不同路径对中国制造业结构的影响，发现利用外资引进技术和吸收外资进行自主创新对中国制造业结构优化影响不同，从而提出提高核心技术创新能力促进产业升级的结论。

将技术作为外生变量考察对动态比较优势的影响，归根到底由外生技术带来的对外贸易增长和经济发展水平的提高，以及比较优势的动态变化均不具有内生增长动力，发展中国家经济增长缺乏内在发展机制，需要通过内生增长理论分析技术内生性因素。

2.2.2 要素积累、创新与动态比较优势理论研究

20世纪80年代末期以来，国际贸易理论研究开始突破以往假设，从要素积累、“干中学”和创新等视角研究比较优势动态演变过程，假设市场是不完全竞争的，要素禀赋的积累和结构升级，是比较优势动态演变的主要标志。

2.2.2.1 基于要素积累的动态比较优势理论

考虑到生产要素和资本不断积累会影响到一国（地区）比较优势的演变和发展路径，影响一国（地区）经济增长方式与贸易模式，从而影响到整体福利水平。赫克歇尔和俄林认为，由于各国要素禀赋的差异导致要素价格的差异，最终导致生产成本的差异，而这种差异形成了各国比较优势。该理论用要素禀赋差异解释了比较优势，是对李嘉图比较优势理论的补充。Samuelson（1948）拓展了H－O理论，即要素价格均等化，认为国际贸易可以促使各国商品价格逐渐均等化，进一步促进构成商品的生产要素价格趋于一致，生产要素是一国（地区）比较优势的体现。斯托尔帕—萨缪尔森定理（Stolpler－Samuelson Theorem）研究一种产品的相对价格上升，将导致该产品密集使用的生产要素实际报酬或实际价格提高，而另一种生产要素的实际报酬或实际价格下降。雷布津斯基定理（Rybczynski Theorem）认为在要素和商品价格不变的情况下，增加某一种生产要素的使用量，其他要素保持不变，将导致用该种生产要素生产出的产品数量和价格的上升，生产者也将提高该种生产要素的数量和价格。Findlay（1970）验证了资本要素的不断积累有助于出口商品结构的优化，有利于一国（地区）的贸易发展。Debaere和Demiroglu（2003）认为虽然各个国家（地区）要素禀赋和资源条件各异，但不影响同质产品的生产和出口。Maskus和Nishioka（2009）研究发现，一国（地区）的生产率水平会因本国要素禀赋的差异而不同。Grossman（2010）从人力资本出发，考察人力资本投入会影响一国（地区）比较优势的发挥，有利于出口商品结构的优化。Bernard、Redding和Schott（2007）以Melitz模型和新贸易理论为基础，得出异质性企业选择效应会强化原有比较优势而获得比平均行业生产率提升更高的生产率，并伴随丰裕要素因为生产成本下降而增长。Shikher（2013）验证了影响国际贸易发展和专业化分工最重要的因素是技术生产率的差异。

2.2.2.2 基于“干中学”的动态比较优势理论

Arrow（1962）提出“干中学”（Learning－By－Doing）理论，技术水平的提高来自于知识的获取，学习过程来自于不断积累的生产经验，因此生产经验通

过学习获取知识从而提高技术水平。“干中学”是通过看或干而不是专门的研究开发所学会的技术诀窍或管理技能。技术学习过程是在从事生产或其他经济活动时自然产生的一个副产品，而大多数“干中学”式的技术进步都来自于技术外溢。技术外溢会不断提高产业的劳动生产率，使得各国具有比较优势的行业得到进一步增强。Krugman（1987）将动态比较优势与技术进步同时内生化，认为两国在资源禀赋初始无差异的情况下，一国（地区）可以通过不断地积累生产经验来获得动态比较优势，最终通过“干中学”方式实现技术进步（张小蒂、赵榄，2009）。因此对于一国（地区）潜在比较优势产业和产品都可以通过“干中学”方式不断积累生产经验，以及学习技术外溢带来的好处实现比较优势的演变。Lucas（1988）认为各国都可以根据“干中学”效应，学习吸收技术知识和积累资本，积极发展本国比较优势产品和产业。Young（1991）认为对于发展中国家只有在接收发达国家因为技术进步而转移产业时，才会提升其比较优势，而“干中学”效应是一种方式。Howht 和 Aghion（2004）认为“干中学”效应影响各国比较优势演进速度。Lucas（1993）认为“干中学”是人力资本积累的重要方式，这种方式有助于人力资本和信息技术不断地积累和提高，有利于比较优势产品和产业的形成和发展，促进生产率的提高。Redding（1999）将“干中学”效应与动态比较优势相结合，认为一国（地区）当前的国际分工地位和贸易结构是由当下的比较优势所决定的，并非最优模式，这也为“比较优势陷阱”提供了依据（Jankowska，2012）。

2.2.2.3 基于创新的动态比较优势理论

创新尤其是技术创新，是一国（地区）发展的核心竞争力，它是一个从新产品或新工艺设想的产生到市场应用的完整过程，包括新设想产生、研究、开发和商业化生产到扩散等一系列活动。创新有利于一国（地区）比较优势的演变过程，促进比较优势的动态变化。

Krugman（1990）认为新产品的开发过程离不开创新尤其是技术创新，有利于研发出更多满足市场需求的新产品、新工艺等。Grossman 和 Helpman 等（1991）将技术要素作为内生变量放入国际贸易理论进行研究，有利于理解和发展动态比较优势理论。根据 Romer（1990）提出的创新框架构建了一个产品周期模型，主要针对发展中国家如何通过学习和模仿走向自主创新道路，从而发挥比较优势的过程。Kortum（2002）研究发现，由于技术水平差异导致的生产率差异以及由于比较优势差异导致的出口差异有一定关系。Levchenko 和 Zhang（2011）在 EK 模型中引入一个不可贸易部门、中间品和资本要素，发现技术水平差异会导致贸易利得和福利水平的差异，也会影响贸易国比较优势的变化。Bombardini等（2011）从企业层面分析认为，技术水平不仅可以帮助企业提高生产率，增强比较优势，增加出口创汇（姚海华，2006），还能提高整体行业发展水平。殷德生和胡峰（2006）将创新和动态比较优势理论引入一国（地区）的研发部门，进一步表明完全竞争市场转向垄断竞争市场。创新是一国（地区）间缩小区域经济差异的核心因素，是产业结构升级换代的关键，一国（地区）应发挥比较优势来发展优势产业（李绍荣、李雯轩，2018）。

除了上述因素与动态比较优势理论有关外，还有专业化分工这一因素，分工可以提高劳动生产率、节约时间、有利于发明创造，这势必影响比较优势动态变化（唐琼、王娟，2008；王诺贝、段愿，2009）；反之亦然，一国比较优势越凸显，越能够集中优势资源进行专业化生产和出口，专业化程度则越高，所以专业化分工和动态比较优势在一定程度上相互影响。

综上所述，动态比较优势理论主要围绕技术展开两方面的研究：一是把技术作为外生变量研究贸易利得和产业发展。比如日本学者提出的“雁行”理论和“雁行”发展模式，Posner提出的“技术差距理论”，弗农的产品生命周期理论等。二是把技术作为内生变量研究一国（地区）经济增长，技术进步以及比较优势的动态变化。比如Romer和Lucas提出的“内生增长理论”，Arrow的“干中学”理论，Lucas的“技术外溢”，杨小凯提出比较优势具有内生性和动态性等理论（成祖松、张跃华，2012），这些理论为研究动态比较优势理论提供了依据和支撑。虽然早期比较优势理论将技术作为外生变量进行研究，但是将技术进步以及技术扩散等相关因素纳入研究领域，并且采用动态分析方法来阐释国际贸易、产业结构和经济增长的变化趋势，有利于动态比较优势理论的不断演变和完善（赵晓晨，2007）。认识到技术是研究经济发展和结构转变不可缺少的重要因素，为后来动态比较优势的研究提供了良好基础（韩民春、徐姗，2009）。动态比较优势理论，根据技术内生性，从“干中学”、创新和要素积累等不同角度阐释了动态比较优势的演变，为国际贸易和经济增长提供了理论支撑。

与已有研究不同，Hausmann和Klinger（2007）从产品视角出发，认为产品空间结构会影响一国（地区）比较优势演变以及比较优势产品选择和产业结构调整问题。在研究比较优势演变文献中，Romer等认为产品之间有差异，不同产品的比较优势各异，一种产品并不会对其他产品比较优势产生影响。Grossman和Helpman（1991）也认为由于产品异质性，不同产品之间比较优势也具有异质性和独立性。与上述观点不同，Hausmann和Klinger（2007）认为虽然产品特性各异，只要产品之间存在一定的关联，势必影响产品间的比较优势变化。从产品角度提出的产品空间理论，对现实中存在的“产业空心化”“中等收入之谜”“中国出口增长之谜”等经济现象进行了很好的解释（毛海涛等，2016），为动态比较优势理论发展提供了另一种思路和方法。

2.3　产品空间理论

比较优势理论认为每个国家（地区）应按照自身比较优势进行生产和分工，实现要素结构的内生转换，从而促进一国（地区）产业结构和产品结构的优化和升级。Sachs 和 Yang（2000）认为通过专业化生产和国际分工，能够促进国家（地区）比较优势的发挥，增强比较优势作用，并且通过“干中学”以及规模经济来推动比较优势的内生演变（Batty，1974；Balassa，1997）。虽然比较优势能否实现内生转换问题仍有争论，随着经济全球化和国际分工的细化，比较优势理论对于当前存在的一些经济现象仍无法解释，但 Rodrik（2006）、伍业君和张其仔（2011）认为根据产品空间理论可以解释当前出现的一些现实问题，因为产品是所有要素的最终载体，产品本身包含了各种内在和外在因素的集合，所以从产品角度考察当今出现的经济和贸易问题值得运用和推广。

2.3.1　产品空间理论的提出

Hausman 和 Klinger（2006）、Hidalgo 等（2007）提出产品空间理论（Product Space Theorem），认为产品是一国（地区）知识和能力的载体，当生产能力和生产结构无法进行衡量时，可以考虑从产品角度出发，由于产品是各种生产要素组合的最终载体，本身包含了生产产品过程中所需要的各种资源技术水平和生产能力。一国（地区）产品特征会影响其经济与贸易发展模式和路径，并且与比较优势的发挥关系密切，因此，从产品角度考虑一国（地区）比较优势发挥和变化趋势，经济增长以及贸易发展模式有重要作用。产品空间结合动态比较优势理论，国际贸易理论以及新经济增长理论，以产品为视角构建解释贸易模式与经济增长的理论框架。

假设国家（地区）产品空间是连续且同质的，企业能在产品空间结构中看到当前产品分布和聚集情况，能够辨别出新产品以及比较优势产品，发现比较优势演变趋势。Grossman 和 Helpman（1991）通过建立产品质量阶梯模型研究专业化程度与产品质量之间关系，发现产品空间中不同产品间的距离都相同，认为专业化程度与产品质量完全独立。Aghion 和 Howitt（1992）通过构建产品多样性模型，试图验证产品多样化与经济增长的关系，发现产品之间是完全独立的，而当前产品专业化水平对后续产品生产率也无影响。Matsuyama（1991）、Matsuyama 和 Takahashi（1998）通过产品空间发现，由于产品的异质性，如果比较优势集中在内生性增长较快的产品可以促进经济发展，反之亦然。Jovanovic 和 Nyarko（1996）认为产品空间中，产品相似性与产品升级有关，产品相似程度高低影响产品升级快慢，因此可以通过相似产品的技术转移，实现产品的升级换代。

但现实中产品空间是离散且异质的，企业在跳跃范围内可能找不到新产品或产业不能顺利升级（贺灿飞等，2016），导致新产品或产业升级甚至经济增长可能陷入停滞，比如“产业空心化”问题。产品空间（Product Space）与比较优势演化理论在融合国际贸易理论与经济增长理论基础上，把产品所有特质和信息加入到一个网络中形成产品空间，可以清楚地发现不同产品的关联程度以及产品空间变化特征，以及不同国家（地区）不同产品的生产结构转变和出口模式。产品空间中产品可以通过节点表示，产品之间距离通过各个节点连线进行连接，连线长短表示产品之间距离远近，通过节点和连线分布可以发现产品空间中不同产品的关联程度和密集程度，一国（地区）节点的多少不同，产品分布密度各异，产品空间是异质的和动态变化的。Hausmann 和 Rodrik（2003）认为产品空间理论是基于产品角度出发，由于产品自身承载的各种要素投入和技术等信息，可以寻找出具有比较优势产品和潜在比较优势产品，从而寻找出优势产业的过程（胡立法，2015）。比较优势动态演化理论认为，产品从简单到复杂的升级过程（Abdon，2010），产品空间从稀疏到稠密的分布演化过程，都体现出一国（地区）的发展过程和发展趋势，每个国家（地区）发展过程会有所不同。产品空间结构的演变过程是解释国内产业结构升级和出口模式以及国家经济增长的关键。Hausmann 和 Klinger（2006）在内生经济增长理论的框架下，根据产品空间的高度异质性与不连续性，提出企业存在新产品成本和风险问题以及信息和技术外部性，为贸易政策和产业政策制定预留了较大的空间。

2.3.2 产品空间与比较优势动态演化

产品在比较优势动态演化理论中意义重大（张其仔，2008）。在产品空间中，产品间聚集程度与产品距离有关，产品间距离越近，产品聚集程度越高，一种产品向另一种产品跳跃成功的可能性就越大，新产品出现的概率就大，意味着产业升级可能性就越大；反之跳跃就会停滞，动态比较优势的演化就会中断，产业升级失败或产业断档（伍业君等，2012；伍业君、王磊，2012）。美国最近提出的“制造业回归”政策，就是针对产业出现断档，找不到比较优势从而导致“产业空心化”而提出的。

Hidalgo 等（2007）从国家层面上研究，发现不同国家在产品空间结构上表现各异，从总体上看，经济欠发达国家主要生产那些品种少和技术复杂程度低的产品，而发达国家主要从事品种多和技术复杂程度高的产品生产。不管是产品结构转型还是产业升级，都是从简单低端产品生产向复杂高端产品生产转换的过程（Aghion，1992）。Hidalgo 等（2007）提出空间产品密度（Density）概念，即一国（地区）特定出口产品的密度，发现企业往往喜欢跳跃到产品间距离近且密度大的新产品，证明了一国（地区）比较优势动态演化遵循产品在结构空间的扩散过程，产品跳跃能力有限，国家（地区）生产和出口结构受要素禀赋水平和要素可替代程度的制约，产品空间结构制约着扩散的过程。Hausmann 和 Hidalgo（2010）认为能力的积累完全靠新增能力来实现，只有那些有能力生产所有产品，并且这些产品能在产品空间任何位置进行转换的国家，才有可能实现向经济发达国家的收敛。

2.3.3 产品空间与产品距离

比较优势动态演变存在最优距离。洪银兴（1997）认为很多国家在遵循比较优势发展的过程中，落入了“比较利益陷阱”，甚至有些国家经济增长出现停滞或倒退（王晗懿，2018）。Hausmann 和 Klinger（2006）认为由于产品的异质性，不同产品的生产能力和生产过程不能完全替代，因为一种产品向另一种产品在生产转变上需要的要素禀赋各不相同，若盲目转变可能导致相关资本的浪费和损失。如果两种产品比较接近或相似或属于同质产品，生产能力就能得到更充分的利用，因此一国（地区）总是倾向于发展与当前比较优势相接近的产品。产品生产能否顺利转变与产品之间的距离有关，Hausmann 和 Klinger（2006）提出了产品空间中产品间的接近性（Proximity）概念，采用产品接近度指标来反映产品间的距离，产品接近度是产品距离的反向指标，该值越大表示产品距离越近，将来该产品成为比较优势产品的可能性就越高，接近性可以进一步用产品密度表示具有比较优势产品与潜在比较优势产品之间的聚集程度。具体来说是将两种产品间的接近度（距离）进行排列，建立产品之间的接近度（距离）矩阵，可以看出产品之间的亲疏远近关系，根据产品接近度（距离）矩阵构建出所有产品的空间结构。在产品空间中，越靠近产品空间核心（中央）区域的产品与其他产品关联程度越紧密，因此具有更高的接近度（距离最短）。在与原有比较优势产品集合距离较近的产品中，多数为转型产品或潜在比较优势产品，而与比较优势产品越接近的产品越容易实现比较优势的转变，因此产品空间结构对于产品比较优势的变化趋势以及衡量潜在比较优势产品具有重要的意义。

根据产品空间结构，一国（地区）位于产品空间核心区域并且分布密集的产品，由于产品之间距离较近说明产品比较接近或相似，因此生产结构也接近，产品之间结构转换比较容易，产品之间跳跃比较容易，容易培育和发现新产品或实现产业升级。而位于稀疏（外围）区域的产品，由于产品之间距离较大，产品之间结构转换较难，原因是构成产品的生产要素差异较大，生产结构转变需要花费较大成本，导致产品转变能力不足，原有比较优势产品难以发挥作用，产业升级困难。因此，根据产品空间结构中产品分布情况，为了充分发挥原有生产能力，实现生产结构转换成本最小，一国（地区）会选择生产和出口与原有生产结构最相近的以及距离原有产品距离最近的新产品作为扶持对象。

2.4 文献述评

综上所述，相对于其他理论，产品空间理论主要从产品角度出发，结合国际贸易理论和内生增长理论，考察一国（地区）的产品生产结构和出口模式，产业结构调整和升级路径以及经济增长路径（陈继勇等，2017）。产品空间理论与动态比较优势理论以及新经济增长理论一脉相承，是国际贸易理论的延伸和发展。根据产品空间不连续性和异质性特征，结合各国（地区）比较优势发展动态，可以形成一国（地区）的产品空间结构，对处于产品空间不同区域的产品，会影响一国（地区）比较优势的发展趋势、产业结构变化和产业升级路径。同时可以了解不同国家产品之间分工模式，对培育未来比较优势产品或产业发展方向，发现不同国家和地区间经济差距，引导国家和地区产业结构升级方向，避免“产业空心化”等问题，对于中国研究地区差异以及产业转移和升级、贸易结构和模式以及贸易发展战略等方面有一定的指导意义。结合产品空间理论和比较优势动态演化理论，对现实经济现象解释与产业政策指导意义重大。与其他理论不同的是，根据比较优势演化规律，产品空间理论具有较强的实践意义，能够指导一国（地区）运用政策工具进行生产结构转变，产业结构调整和产业升级以及经济发展。

动态比较优势理论和产品空间理论一脉相承，对新产品开发和产业升级问题的研究上，提出了另外一种思路和方法，很好地解释了现实中存在的经济现象和问题，并对国家宏观层面上进行政策工具的运用提供了理论支撑。但是该理论在微观层面上，对企业如何自主地识别比较优势产品和潜在比较优势产品并未做详细的具体分析，即企业如何才能结合这些理论进行操作尚未分析，还需要结合企业家才能等无形资源进行综合分析（曾世宏、郑江淮，2010）。国家、产业和企业是从不同层面分析问题，如何更好地将宏观、中观和微观有机地结合，运用产品空间和比较优势动态理论，以市场规模作为联结企业家才能（赵榄，2010；张小蒂、贾钰哲，2012），发挥与动态比较优势演变的重要纽带，政府政策工具有效运用和企业家发现有机地结合是该领域未来的发展方向。

第3章 中国与“一带一路”沿线国家对外贸易发展状况分析

2013年中国提出“丝绸之路经济带”和“21世纪海上丝绸之路”（以下简称“一带一路”）倡议，积极发展与沿线国家的经济合作伙伴关系。“一带一路”倡议，是在中国政府根据当前国际和地区形势的深刻变化，以及国际经济形势缓慢复苏大背景下，致力于维护全球自由贸易体系和开放型经济体系，实现沿线各国强烈的合作交流诉求，以及结合中国目前发展面临的新形势和新任务提出的。从国内需求看，丝绸之路建设与发展也是中国可持续发展战略的重要组成部分。改革开放40年实践证明，中国对外开放、引进技术和出口商品促进了经济持续快速增长，但中国按人均GDP核算仍属于中等收入国家，下一步要提升为高收入国家还需要不断努力，世界银行统计数据显示，能成功避开中等收入陷阱成为高收入经济体的国家仅有十多个，而这些国家大部分属于资源型国家。当前中国面临严峻的国际经济形势，西方国家不断对中国实施贸易保护主义，加之中国人口基数大、人均GDP不高，要从中等收入国家跨入高收入水平国家任重道远。经济发展依赖的资本和出口都需要更宽广的空间和世界市场，来应对国际经济危机后续影响和进一步发展经济改善民生，是中国和“一带一路”沿线国家共同面临的利益诉求。

从国内具体情况来看，中国面临产能过剩、改革进入深水区、东中西区域发展差距进一步拉大等问题，再加上邻国与中国加强合作意愿加强等，都需要提出新形式进行改变。①对于中国产能过剩问题。以钢铁、煤炭、电力为代表的重工业和纺织、造纸等轻工业涵盖劳动、资本和技术密集等各种类型。从中国与“一带一路”沿线国家进出口商品种类和范围看，中国参与“一带一路”产能合作的潜力巨大，“一带一路”沿线大部分国家工业化水平较低，转移和出口中国过剩产能和产品，能满足沿线国家工业化建设急需产品，实现中国与“一带一路”国家供需互求和产能合作的目标，有助于中国和沿线国家发挥优势产业“走出去”和开拓国际市场。②伴随中国廉价劳动力时代结束，改革进入深层次发展阶段，产业结构步入调整转换时期。考虑到中国油气和矿产资源对国外依赖程度较高的情况，中国应扩大对部分中东欧和中亚国家在资本、技术及高附加值产品出口，这些国家油气资源和矿产资源较为丰富，可以将中国资源密集型产业和产品向其转移，实现资源互补，取长补短。③对于东中西区域发展差距不断拉大问题。沿海地区聚集中国大部分工业和基础设施，而中西部地区工业较少，基础设施相对落后，“一带一路”倡议有利于带动和加快对中西部地区开发建设，进一步拓展区域发展空间，缩小地区经济差异。④对于当前中国边境地区整体状况良好，邻国与中国加强合作的意愿普遍上升。边境地区由于其独特的地理位置，作为外贸的前沿阵地，在与邻国之间合作往来中起着重要的纽带作用，在“一带一路”建设中处于核心区域，因此边境地区的和平稳定是“一带一路”建设发展的前提和保障。中国边境口岸数量众多，在“一带一路”建设中承担重要的通道作用，是中国与沿线国家互联互通的桥头堡和重要纽带，通过以点带线带面的联动机制，加强对边境地区的建设，有利于加强与沿线国家经济贸易往来。新时期周边国家与中国加强合作的意愿普遍上升，有利于与沿线国家扩大外贸合作空间和基础设施建设，比如中国与中亚、南亚、东南亚和东北亚等国家（地区）开通了公路、铁路、油气管道等基础设施，为“一带一路”建设和发展提供了坚实良好的基础。

“一带一路”倡议有助于构建均衡共赢的世界经济格局，是促进全球经济复苏的中国方案，尤其是国际金融危机后，全球经济一直不景气，而中国巨大的市场及稳定的发展环境对国际资本具有较强的吸引力。中国提出的“一带一路”及设立自贸区的新倡议，以开放带动改革，以改革促进发展，为中国对外贸易和投资提供了更加广阔的空间。中国综合国力不断提升，“一带一路”建设和国际产能合作加快推进，对外贸易和投资政策体系不断完善，多边和双边务实合作深入推进，共同助力中国企业“走出去”，中国对外贸易和投资进入了发展快车道（吕承超、陈晓虹，2015）。在“一带一路”倡议推动下，2015 年中国对沿线国家的贸易也跨入了新阶段，显示出强劲的发展势头和发展空间，众多发展中国家不同程度地需要与中国发展双边贸易，以促进经济快速发展。近几年来，中国企业纷纷在全球市场布局，仅 2015 年中国对“一带一路”沿线国家贸易超过 9477 亿美元，为沿线国家创造超过 10 亿美元税收和超过 16 万个就业岗位，2017 年则达到 10899 亿美元，“一带一路”沿线国家已成为中国对外贸易和投资的热土（陈砺，2017）。

古代“丝绸之路”源于中国，是连接亚非欧各大洲的商业贸易路线，从运输路线上分为陆上丝绸之路和海上丝绸之路。两千多年前，张骞两次出使西域开辟了一条贯穿东西、连接欧亚的陆上“丝绸之路”，而从秦汉时期起，连接与欧亚国家的海上丝绸之路也开始发展，海上丝绸之路和陆上丝绸之路共同组成了我国古代和欧亚国家之间文化商贸运输的大通道，为当时的经济发展和文化交流提供了机会。丝绸之路起初是为运输古代中国的丝绸、瓷器等商品，直到 19 世纪 70 年代命名为“丝绸之路”，它为东西方文明发展和商贸文化交流奠定了基础。而新时期提出的“一带一路”倡议，构建陆上和海上“丝绸之路”经济大走廊，是对古代“丝绸之路”的传承与发展，新时期“一带一路”包含的交流合作范围更加广泛，基础设施互联互通、贸易投资便利化、产业合作、人文交流等涉及沿线国家各领域的交流与合作，旨在将政治互信、经济互补和地缘优势转化为务实合作共同发展，目标是在通路、通航的基础上通商，从而实现政策沟通、道路联通、贸易畅通、货币流通和民心相通。

新时期的“一带一路”倡议，继承了古代“丝绸之路”的开放传统，依靠中国与沿线国家双边和多边机制，不断推出基础设施建设和贸易投资的便利化措施以实现各方面互联互通，“一带一路”倡议仍将继续发扬开放包容精神，是开放合作的倡议，以经济与人文合作为主线，不限国别范围，不搞封闭机制，凡是有意愿加入“一带一路”倡议的国家和经济体，都可以成为“一带一路”的建设者和受益者，新时期“一带一路”是现有合作的延续和升级。

要实现“一带一路”倡议，重点在于实现“五通”，通过加强“五通”建设，从点到线到面逐步形成区域大合作。基于此，本书对于“一带一路”沿线国家的界定是“接受‘一带一路’倡议，共同推动‘五通’”的国家。

3.1 中国对外贸易发展状况分析

分析中国对外贸易发展状况前，需要了解世界对外贸易发展状况。图 3.1 为 1978 ~2017 年世界进出口贸易统计，总体上看，世界进出口贸易呈稳步上升趋势，尤其是从 2002 年以后增长较快，进出口贸易总额由 132060 亿美元增加到 2017 年的 357539.8 亿美元，增长了 171%，其中出口额从 2002 年的 64820 亿美元增加到 2017 年的 177299 亿美元，增长了 173.5%，进口额从 2002 年的 67240 亿美元增加到 2017 年的 180240 亿美元，增长了 168%。2002 年以来世界进口贸

易和出口贸易基本保持均衡，均呈稳步上升趋势。2008 年受金融危机影响，对外贸易短暂地呈小幅下降趋势，之后则稳步上升，2014 年受全球经济下行影响，进出口贸易总体呈下降趋势，2017 年出现恢复迹象。

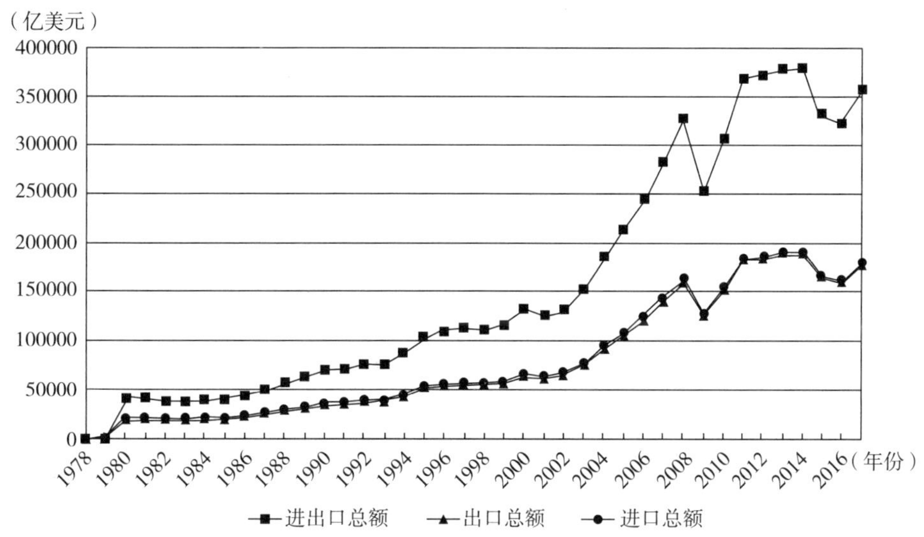

图 3.1　1978 ~ 2017 年世界进出口贸易统计

资料来源：根据《中国统计年鉴》和 UN Comtrade 数据库计算得出。

改革开放 40 年来，中国经济呈稳步增长趋势，GDP 由 1978 年的 3678.7 亿元增加到 2018 年的 900309 亿元，增长了 244 倍。其中对外贸易发展迅速，尤其是 2001 年中国加入世界贸易组织后，对外贸易发展势头强劲，进出口贸易每年增长 1000 亿美元。2008 年受国际金融危机影响出现短暂小幅下降之后，中国对外贸易呈现快速增长势头，在 2013 年中国首次超越美国，成为世界第一大货物贸易国。2015 年受全球经济形势低迷影响出现小幅下降，2017 年对外贸易则开始恢复增长。

从图 3.2 和图 3.3 可以看出，40 年来中国对外贸易发生了巨大变化，进口与出口贸易额变化趋势基本一致，小幅波动中快速持续增长。贸易总额从 2000 年的 4743 亿美元增加到 2018 年的 46230 亿美元，增加了 41487 亿美元，增长了 8.7 倍，其中进口额从 2000 年的 2251 亿美元增加到 2018 年的 21356 亿美元，增长了 8.49 倍，出口额从 2000 年的 2492 亿美元增加到 2018 年的 24874 亿美元，增长了 8.98 倍。贸易差额逐年拉大，由 2000 年的 241 亿美元增加到 2018 年的 3518 亿美元，增长了15倍。2008年受全球金融危机影响，2009年中国对外贸易呈现小幅波动，贸易总额为22075亿美元，比2008年的25633亿美元减少了3557亿美元，下降了13.9%，进口额为10059亿美元，比2008年减少了1266亿美元，下降了11.2%，出口额为12016亿美元，比2008年减少了2291亿美元，下降了16%。

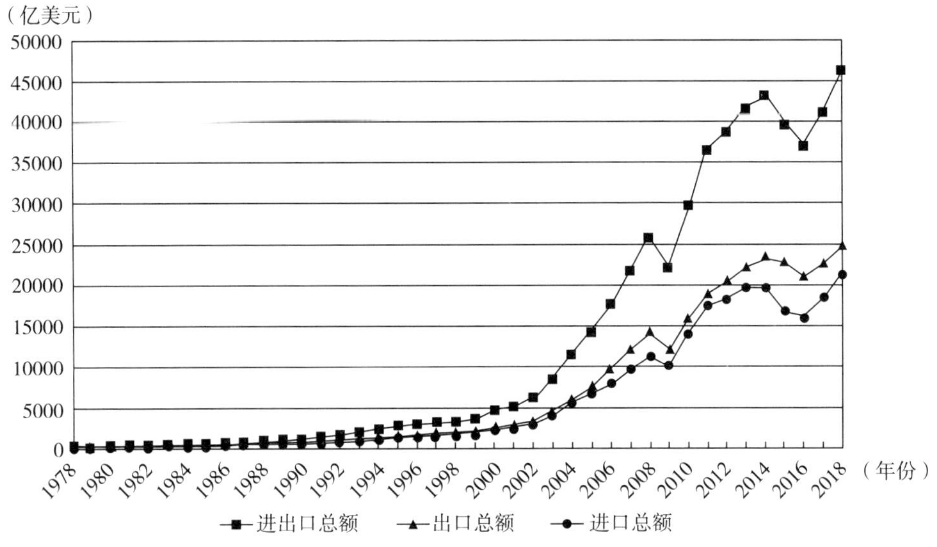

图3.2 1978~2018年中国进出口贸易统计

资料来源：根据《中国统计年鉴》计算得出。

金融危机后，中国对外贸易呈现快速增长势头，成为全球第一大贸易出口国，在2013年首次超越美国，成为世界第一大货物贸易国，达到41590亿美元。自2009年以来，中国在进出口贸易上均表现出强劲增长势头，一直持续到2014年，进出口额均达到历史最高水平，进出口额分别达到19592亿美元和23423亿美元，比2000年增长了7.7倍和8.4倍。2015年和2016年贸易额开始下滑，2017年全球经济形势有所好转，进出口总额为41072亿美元，其中进口额为18438亿美元，出口额为22634亿美元，贸易顺差4196亿美元，2018年中国对外贸易进出口规模创历史新高，贸易总额达到46230亿美元，进出口额分别达到21356亿美元和24874亿美元，贸易顺差3518亿美元。虽然面临复杂的国际经贸形势，特别是在中美贸易摩擦背景下，通过促外贸、稳增长政策措施和扩大开放政策以及持续拉动国内需求，2018年中国对外贸易稳中有进，继续保持全球货物贸易第一大国地位。

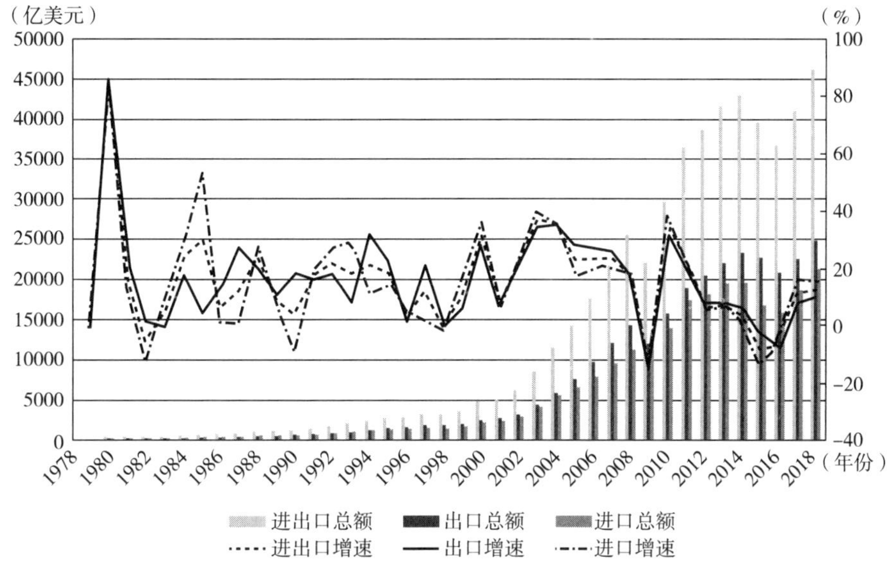

图 3.3 1978～2018 年中国进出口贸易额及其增速

资料来源：根据《中国统计年鉴》计算得出。

2015 年和 2016 年中国贸易出现下滑是多方面因素引起的，一是全球经济低迷对贸易的影响。2016 年新兴市场国家的经济明显减速，由于新兴市场国家实现工业化，产业结构变化以及进口替代的影响，对外需求出现低迷。二是汇率波动。由于汇率波动导致人民币对美元出现较大幅度的贬值，拉低了按美元换算的贸易额，而人民币贬值带来的出口扩大效果有限，因此贸易额下降有很大部分是汇率波动和国际市场大宗商品价格下降造成的。三是随着人工成本和地价不断上涨，很多企业纷纷向海外转移工厂，发挥低成本优势扩大贸易额开始逐渐降低，中国产品在发达国家市场占有率也逐渐降低。四是贸易保护主义盛行。新一轮的贸易保护主义开始盛行，贸易壁垒是自由贸易最大阻力，对于贸易大国经贸发展影响深远。仅 2016 年中国就遭遇了 119 起贸易摩擦案件，对于企业发展十分不利。欧美国家的贸易保护主义开始盛行，对于从事自由贸易国家打击巨大，容易引起贸易的波动。2017 年中国产品共遭遇来自 21 个国家和地区发起的 75 起贸易救济调查，与 2016 年相比，案件的数量和金额分别下降了 37% 和 23%，虽然贸易救济调查案件数量和金额都有所下降，但中国仍然是全球贸易救济调查的最大目标国。

2017 年中国出口高附加值的大型成套设备增长超过 6%，高技术含量产品出口增长超过 10%，出口产品结构正在发生转变。相对于以往主要出口大量消费品，现阶段中国主要处于消费品和投资品并重时期，中国依靠低成本发展外贸的时代已经结束了。中国出口产品结构和产业结构正处于调整和改革时期，原有比较优势产品和产业已经不能满足市场经济发展需要，而潜在比较优势产品培育还需要时间，比较优势尚处于转换和过渡阶段，未来中国贸易将更加关注增长质量和发展效益。

根据《中国统计年鉴》进出口商品分类统计，图 3.4 为 2003 年中国进出口商品按 HS 分类的商品总值及其占比。在 22 类进出口商品中：机械器具、电气设备及其零件，纺织原料及纺织制品，矿产品，化学工业及其工业产品，塑料橡胶及其制品，贱金属及其制品，车辆及航空器有关运输设备，光学及医疗或外科用仪器及设备进出口额较大。其中，机械器具、电气设备及其零件进出口额最高，达到 3477 亿美元，其中出口 1723 亿美元，进口 1754 亿美元，分别占当年贸易额的 39.3% 和 42.5%，其次是纺织原料及纺织制品，进出口额为 926.4 亿美元，其中出口 733.5 亿美元，进口 192.9 亿美元，分别占当年贸易额的 16.7% 和 4.7%，矿产品、化学工业及其工业产品、塑料橡胶及其制品、贱金属及其制品、车辆及航空器有关运输设备、光学及医疗或外科用仪器及设备的贸易额也较多，出口维持在 100 亿~300 亿美元，且出口额高出进口额一倍左右，而涉及农产品的活动物及动物产品、植物产品等进出口及占比相对较少，体现出中国进出口贸易主要分布在第二产业，第一产业进出口相对较少。

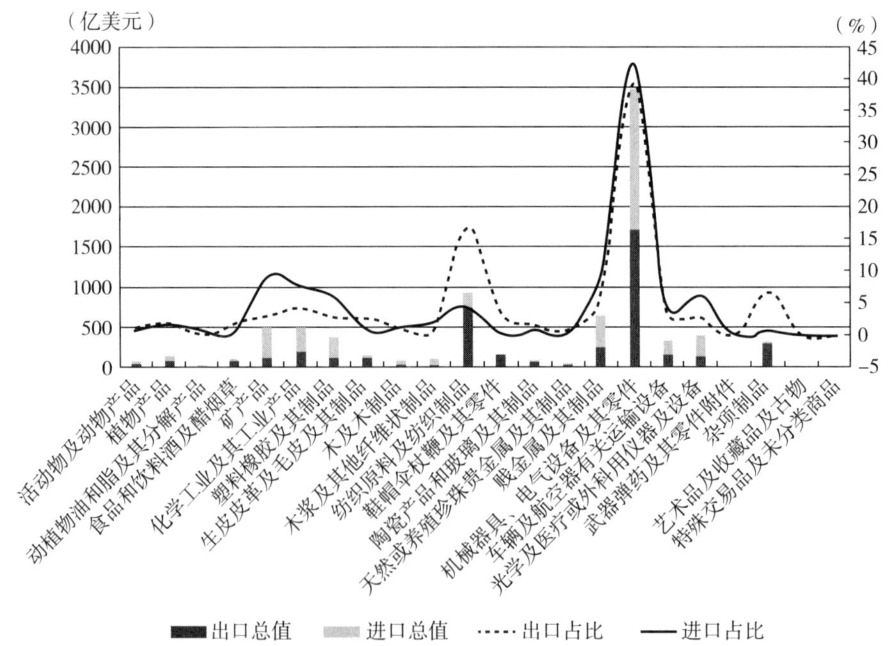

图 3.4　2003 年按 HS 分类的中国进出口商品总值及其占比

资料来源：根据《中国统计年鉴》计算得出。

相比2003年，图3.5是2017年中国进出口商品结构总值及其占比情况，进出口商品结构总体上与2003年类似，机械器具、电气设备及其零件贸易额最高，进出口额达到16090.24亿美元，是2003年（3477.43亿美元）的4.6倍，其中出口为9815.69亿美元，是2003年（1723.34亿美元）的4.7倍，进口为6274.55亿美元，是2003年（1754.09亿美元）的3.6倍，出口与进口占比分别为43.4%和34.0%，是中国贸易商品中占比较大的部分。出口额较高的还有纺织原料及纺织制品、贱金属及其制品和杂项制品，分别为2573.21亿美元、1650.97亿美元和1591.58亿美元，分别比2003年增长了3.5倍、6.6倍和5.4倍，出口占比和进口占比分别为11.4%、1.7%、7.3%和5.2%、7.0%、0.45%。而进口较多的有机械器具、电气设备及其零件，矿产品，化学工业及其工业产品，车辆及航空器有关运输设备，光学及医疗或外科用仪器及设备，贱金属及其制品。其中矿产品进口最高，为3824.70亿美元，比2003年增长了10倍，其次是化学工业及其工业产品，为1325.51亿美元，比2003年增长了4.2倍。从进口产品结构可以看出，中国主要进口技术类产品及初级农产品，反映出中国经济建设需要和人民生活需求的变化。

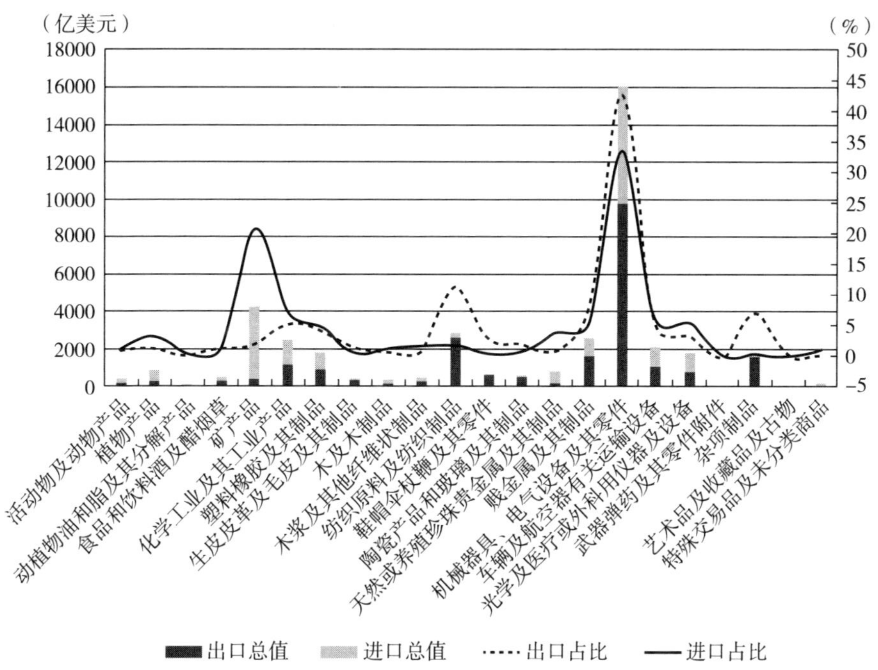

图3.5　2017年按HS分类的中国进出口商品总值及其占比

资料来源：根据《中国统计年鉴》计算得出。

根据《中国统计年鉴》对中国与各国海关进出口贸易统计，图3.6是2003～2017年中国与各大洲货物贸易总额及占比情况。2003～2017年中国与各大洲贸易趋势变化与总体贸易趋势基本一致，呈不断上升趋势（纂建红、冯晓洁，2014），受2008年世界金融危机以及2015年以来全球经济发展低迷、汇率波动以及贸易壁垒等多种因素叠加影响，2009年、2015年和2016年贸易有一定程度波动。从各洲别上看，中国与亚洲国家贸易往来最多，贸易额由2003年的4954.8亿美元增加到2017年的21265.2亿美元，增加了16310.4亿美元，增长了329.2%，十五年间，对亚洲国家贸易额占比一直维持在51%以上，也是中国对外贸易的主要对象。其次是与欧洲国家的贸易，由2003年的1578.6亿美元增加到2017年的7561.1亿美元，增长了376.1%，占比一直维持在17%～20%，排名第三的是北美洲，由2003年的1363.9亿美元增加到2017年的6357.4亿美元，增长了366.1%，占比维持在13%～16%，而与非洲、拉丁美洲、大洋洲及太平洋群岛的贸易额较少，占比均维持在个位数。

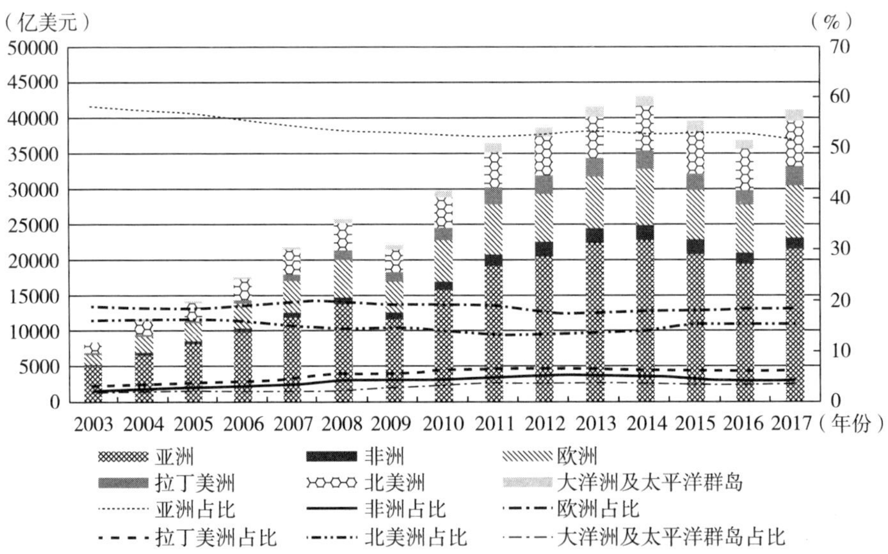

图3.6　2003～2017年中国与各大洲货物贸易总额及占比

资料来源：根据《中国统计年鉴》计算得出。

3.2 中国与“一带一路”沿线国家贸易状况分析

“一带一路”沿线国家资源禀赋各异，经济互补性较强，投资合作潜力和空间较大。2015年3月国家发改委、商务部和外交部联合发布了《推动共建丝绸之路经济带和21世纪海上丝绸之路的愿景与行动》，提出拓展互相投资和贸易领域，开展农林牧渔业、农机及农产品生产加工等领域深度合作，加快投资便利化，消除贸易与投资壁垒，加强双边贸易与投资保护协定。中国与“一带一路”沿线国家贸易和投资发展势头良好，尤其是2013年中国提出“一带一路”倡议以来，中国一直积极发展与沿线国家的经贸往来和经济合作（孙楚仁等，2017），效果良好。投资和贸易发展迅速，仅2015年，中国对“一带一路”沿线国家投资超过180亿美元，2018年中国企业对沿线国家非金融类直接投资达156.4亿美元，同比增长8.9%；沿线国家对华直接投资60.8亿美元，同比增长11.9%。贸易方面，2016年中国对“一带一路”沿线国家货物贸易达到9000亿美元，2017年则为10899亿美元，其中进口和出口分别达到4543.64亿美元和6355.56亿美元。2018年中国与“一带一路”沿线国家货物贸易往来持续深化，进出口贸易总额达13000亿美元，同比增长16.3%，高于同期外贸增速3.7个百分点，占外贸总额的27.4%，与“一带一路”沿线国家外贸额达到历史最高水平。

表3.1为2003年与2017年中国与“一带一路”排名前十位沿线国家的进出口贸易情况。2003年中国对“一带一路”沿线国家出口贸易为707.67亿美元，占出口总额的16.15%，2017年出口达到6355.56亿美元，占出口总额的28.08%，而对“一带一路”排名前十的沿线国家出口中，2003年为461.17亿美元，占比10.53%，2017年则达到4218.95亿美元，占比提高到18.64%。可见中国对“一带一路”排名前十的沿线国家出口额大幅度上升，也是构成中国出口的主要目的地国。进口方面，2003年中国从“一带一路”排名前十的沿线国家进口为824.91亿美元，占比为19.98%，2017年则提高到4543.64亿美元，占比24.64%，其中对排名前十的国家进口也大幅度上升，由2003年的670.02亿美元提高到2017年的3365.11亿美元，占比由16.23%提高到18.25%。前十位国家构成中国进口的主要来源国，从十五年间进出口贸易国家变化情况看，中国与“一带一路”沿线主要国家贸易往来基本没有太大变化，主要集中在部分

东南亚国家和南亚的印度，西亚的阿联酋和阿曼以及俄罗斯。进口国家中马来西亚一直保持第一位，其次是泰国、沙特阿拉伯和俄罗斯，而新加坡的地位则逐年下降。近几年出口国中印度和越南排名不断上升，其次是俄罗斯、马来西亚和新加坡。出口国和进口国主要与中国经济发展需要的产品结构和产业结构有关。

表 3.1　2003 年与 2017 年中国与“一带一路”排名前十的沿线国家进出口贸易情况

单位：亿美元,%

国家	2003 年		2017 年		国家	2003 年		2017 年	
	出口	占比	出口	占比		进口	占比	进口	占比
总计	707.67	16.15	6355.56	28.08	总计	824.91	19.98	4543.64	24.64
合计	461.47	10.53	4218.95	18.64	合计	670.02	16.23	3365.11	18.25
越南	31.83	0.73	716.17	3.16	马来西亚	139.86	3.39	544.26	2.95
印度	33.43	0.76	680.42	3.01	越南	14.57	2.14	503.75	2.73
新加坡	88.64	2.02	450.19	1.99	泰国	88.27	0.35	415.96	2.26
俄罗斯	60.30	1.40	428.31	1.89	俄罗斯	97.28	2.36	413.90	2.24
马来西亚	61.41	1.38	417.12	1.84	新加坡	104.85	2.54	342.50	1.86
泰国	38.28	0.87	385.42	1.70	沙特阿拉伯	51.72	1.25	317.62	1.72
印度尼西亚	44.82	1.02	347.57	1.54	印度尼西亚	57.47	1.39	285.74	1.55
菲律宾	30.93	1.15	320.66	1.42	菲律宾	63.07	1.53	192.39	1.04
阿联酋	50.37	0.71	287.24	1.27	伊朗	33.07	0.80	185.54	1.01
伊朗	21.47	0.49	185.85	0.82	印度	19.86	0.48	163.45	0.89

资料来源：根据《中国统计年鉴》计算得出。

表 3.2 是中国对“一带一路”沿线主要国家的出口贸易排名情况，由于版面所限，表 3.2 和表 3.3 只列出 2003 年和 2005 年的数据，从 2007 年开始各年份数据均列出。从表 3.2 可以看出，2003 ~ 2017 年中国对新加坡、马来西亚、俄罗斯、阿联酋、印度尼西亚、泰国、印度、越南、菲律宾和伊朗的出口一直居于前十位左右。2003 年中国对 63 个国家共出口 707.6742 亿美元，占出口总额的 16.0%，其中对新加坡出口最多，十五年间有 6 次出口排名第一，2003 年对其出口 88.6 亿美元，占 2.0%。其次是对马来西亚和俄罗斯的出口分别为 61.4 亿美元和 60.3 亿美元，占比分别为 1.40% 和 1.37%。2017 年对“一带一路”沿线国家出口额达到 6355.56 亿美元，占出口总额的 28.1%，比 2003 年出口增长了 8.98 倍，其中对越南、印度和新加坡等国出口较多，出口额分别为 716 亿美元、680 亿美元和 450 亿美元，占比分别为 3.2%、3.0% 和 2.0%。

表3.2　2003～2017年中国对“一带一路”沿线主要国家出口排名

国家＼年份	2003	2005	2007	2008	2009	2010	2011	2012	2013	2014	2015	2016	2017
新加坡	1	1	1	2	1	2	3	3	5	4	3	3	3
马来西亚	2	3	4	5	3	4	6	4	4	5	4	4	5
俄罗斯	3	2	2	1	5	3	2	2	1	3	7	5	4
阿联酋	4	5	5	4	4	7	7	8	7	7	6	8	9
印度尼西亚	5	6	6	6	7	6	4	5	6	6	8	7	7
泰国	6	7	7	7	8	8	8	7	8	8	5	6	6
印度	7	4	3	3	2	1	1	1	3	2	2	2	2
越南	8	8	8	8	6	5	5	6	2	1	1	1	1
菲律宾	9	9	11	13	10	10	12	10	9	10	9	9	8
沙特阿拉伯	12	12	10	9	9	12	10	9	10	11	10	10	11
土耳其	13	10	9	10	11	9	9	11	11	12	11	12	13
阿尔巴尼亚	52	51	55	53	53	54	54	55	55	55	53	51	53
阿富汗	53	55	53	54	52	55	55	53	54	54	55	53	52
马其顿	54	59	56	59	59	60	59	59	62	61	61	60	62
格鲁吉亚	56	56	52	51	54	53	49	52	51	51	50	49	48
摩尔多瓦	57	54	60	58	58	57	57	57	57	59	60	61	60
巴勒斯坦	58	57	61	61	62	63	62	63	60	62	62	63	63
波黑	59	60	57	57	61	62	63	62	59	56	63	62	61
亚美尼亚	60	58	59	60	56	56	56	58	56	58	58	58	57
马尔代夫	61	61	62	62	60	59	58	60	58	60	56	56	56
东帝汶	62	62	63	63	63	61	61	61	63	63	59	57	58
黑山	63	63	58	56	57	58	60	56	61	57	57	59	59

资料来源：根据《中国统计年鉴》计算得出。

从出口国家分布看，中国出口主要集中在大多数东南亚国家、南亚的印度，西亚的伊朗和阿联酋以及俄罗斯，其次是中亚和部分西亚和中东欧国家，出口较少的国家集中在部分中东欧国家以及东南亚的东帝汶和南亚的马尔代夫等国。中国与“一带一路”沿线国家表现在对出口国和进口国上分布不均，考虑到进出口贸易在一定程度上具有互补性（胡艺等，2017），一国（地区）出口局限性决定其进口特定商品，中国与“一带一路”沿线国家在经贸合作方面具有较大的潜力。

从表3.3可以看出，马来西亚、新加坡、俄罗斯、泰国、菲律宾、印度尼西亚、沙特阿拉伯、印度、伊朗和阿曼一直在前十名左右徘徊。2003 年中国从“一带一路”沿线国家进口 825 亿美元，占进口总额的 20%，其中马来西亚在十五年间一直处于进口第一位，2003 年从马来西亚进口 140 亿美元，占进口总额的 3.4%，其次是从新加坡、俄罗斯和泰国进口，分别为 104.8 亿美元、97.2 亿美元和 88.3 亿美元，占比分别为 2.5%、2.3% 和 2.1%。2017 年从“一带一路”沿线国家进口达到 4543.64 亿美元，是 2003 年的 5.5 倍，占进口总额的 24.64%。其中从马来西亚进口额达到 544.26 亿美元，占比 2.95%，其次是越南、泰国和俄罗斯，进口额分别为 503.75 亿美元、415.96 亿美元和 413.9 亿美元，占比分别是 2.73%、2.26% 和 2.24%。

表 3.3　2003～2017 年中国从“一带一路”沿线主要国家进口排序

国家＼年份	2003	2005	2007	2008	2009	2010	2011	2012	2013	2014	2015	2016	2017
马来西亚	1	1	1	1	1	1	1	1	1	1	1	1	1
新加坡	2	2	6	6	5	5	7	6	6	5	6	5	5
俄罗斯	3	3	4	4	4	4	3	3	3	3	3	4	4
泰国	4	4	3	3	2	2	4	4	4	4	2	2	3
菲律宾	5	5	2	8	9	9	9	8	9	9	8	8	8
印度尼西亚	6	8	9	9	7	7	5	5	5	7	7	7	7
沙特阿拉伯	7	6	5	2	3	3	2	2	2	2	4	6	6
印度	8	7	7	5	6	6	8	9	11	12	11	11	10
伊朗	9	9	8	7	8	8	6	7	7	6	9	9	9
阿曼	10	10	10	10	11	11	11	10	8	8	10	10	12
格鲁吉亚	49	56	51	57	53	51	52	53	53	53	54	51	52
摩尔多瓦	50	60	59	59	58	58	58	58	57	58	57	56	56
尼泊尔	52	53	52	56	57	57	57	54	55	55	55	57	58
黎巴嫩	53	55	50	51	56	55	56	57	54	57	58	58	57
亚美尼亚	55	58	46	53	52	50	53	52	51	45	42	38	41
波黑	56	34	47	55	54	56	54	55	56	56	52	53	54
阿富汗	57	57	57	58	59	59	60	60	59	59	59	59	59
巴勒斯坦	59	59	62	62	60	61	62	62	63	63	62	61	63
马尔代夫	61	61	61	61	62	63	63	63	61	61	63	63	62
东帝汶	62	62	63	63	63	62	61	61	62	62	61	62	60
黑山	63	63	60	60	61	60	59	56	58	52	56	54	53

资料来源：根据《中国统计年鉴》计算得出。

总体上看，中国进口贸易主要集中在东南亚和部分南亚国家（公丕萍等，2015），西亚的伊朗和阿曼以及南亚的印度和俄罗斯等国，其次是分布在中亚和部分南亚国家，从中东欧国家以及东南亚的东帝汶和南亚的马尔代夫等国进口较少。

综上所述，中国对“一带一路”沿线国家出口主要集中在越南、印度、新加坡、泰国和马来西亚等国，从“一带一路”沿线国家进口主要集中在马来西亚、泰国、俄罗斯、新加坡、印度尼西亚和沙特阿拉伯等国。

越南作为中国重要的友好邻邦和合作伙伴，2017 年中越贸易突破 1000 亿美元，两国经贸合作突飞猛进。机械设备、电话及其零部件和相关电子产品是越南进口最多的中国商品，越南出口到中国最多的商品是各类电话及零件、电子产品及零件、果蔬、纺织品及木制品等。当前中国和越南经济发展与改革均步入了关键时期，互视对方为发展机遇，“一带一路”建设则进一步加强了双方的沟通和联系。两国积极参与“一带一路”各种项目的合作与建设，比如中国—东盟博览会和中国进口博览会的开展、共建“一带一路”产能合作和海上合作等有利于双方实现可持续发展项目。虽然中越两国在全球价值链中地位不同，但合作前景广阔。

中国是印度在全球范围内最大的贸易国，2017 年中印两国双边贸易额达到 844 亿美元，达到历年最高水平。印度出口到中国的商品主要是矿产品、贱金属及制品、化工产品等，从中国进口主要以机电产品、化工产品、贱金属及制品居多。从中印两国进出口商品结构可以看出，两国产业结构各异，经济互补性强（杜秀红，2015），在经贸合作上发展势头良好，合作空间巨大。

由于新加坡地理位置特殊，对外贸易成为了该国经济发展的重要支柱。到 2017 年中国已连续 5 年成为新加坡最大的贸易伙伴，机电产品是两国主要贸易商品，目前双方在互联互通、金融合作和第三方市场合作等方面展开项目。尤其是双方共同结束中国与新加坡自贸协定升级谈判，标志着中新两国经济发展迈出了一大步，提高了经贸合作水平和维护了自由贸易的共同承诺。

马来西亚地处亚洲陆海交汇处，是中国与东盟各国展开经济合作的关键节点，在“一带一路”倡议中扮演着重要角色。马来西亚境内自然资源丰富，橡胶、棕榈油和胡椒的产量和出口量居世界前列，主要进口机械运输设备、食品、烟草等。“一带一路”倡议有助于马来西亚开辟新市场、新销路和吸引外资，中国已经成为马来西亚第二大出口市场和第一大进口来源地。未来中马两国在数字经济、农业、汽车制造、高科技等领域展开合作，双方经济互补性强，合作前景广阔。

中国与泰国较沿线其他国家距离最近，2017 年两国进出口贸易达 741.4 亿美元，比 2016 年增长 12.6%。泰国对中国出口最多的两类产品分别是塑料橡胶及其制品和机械器具、电气设备及其零件，从中国主要进口机电产品，尤其是电子产品。虽然两国地理方位较为接近，进出口商品结构趋同，并且大部分同属于劳动密集型商品，但资源差异使双方经贸合作仍有互补性。

俄罗斯拥有世界上最大储量的矿产和能源资源，是最大石油和天然气输出国。2017 年中俄双边贸易额突破 1000 亿美元历史水平，“一管两桥”项目的落成与实施，促进了“一带一路”沿线国家在天然气和交通运输方面的畅通，推动了同欧亚国家的联系。中俄双方除了在能源传统领域方面合作外，还积极寻求在高科技、电子商务、金融等领域的合资合作，未来合作潜力巨大。

印度尼西亚石油、天然气和锡的储量在世界上占重要地位，资源种类丰富。2017 年中国与印度尼西亚双边贸易额达到 586 亿美元，印度尼西亚对中国主要出口矿产品和动植物油脂两大类产品，从中国主要进口机械器具、电气设备及其零件，贱金属及其制品，化学工业及其工业产品，纺织原料及纺织制品等。

沙特阿拉伯石油产量居世界第一位，天然气年产量居世界第四位。对中国出口商品以石油和石油产品为主，主要进口机械器具、电气设备及其零件，食品和饮料酒及醋烟草，纺织原料及纺织制品等消费品和化工产品，从进出口商品结构看，中国和沙特阿拉伯两国贸易互补性较强。沙特阿拉伯是中国在西亚非洲地区最重要的经贸合作者，也是“一带一路”建设合作的重点国家，两国自建交以来，双边经贸合作突飞猛进，实现了跨越式发展。

SITC0 ~ SITC4 为初级产品，SITC5 ~ SITC9 为工业制成品。由表 3.4 可知，2017 年中国对“一带一路”沿线国家出口商品共 6355.56 亿美元，其中出口 SITC7（机械运输设备）最多，达到 2629.20 亿美元，占十类产品的 41.64%。其次是 SITC6（按原料分制成品）和 SITC8（杂项制品）较多，分别为 1464.95 亿美元和 1254.91 亿美元，占比分别为 23.20% 和 19.88%，两类产品占了 43.08%，前三类产品共占 84.72%。SITC1（饮料及烟酒）、SITC4（动植物油脂蜡）出口仅过亿美元，合计仅占 0.16%。可以看出中国对“一带一路”沿线国家出口商品主要以工业制成品为主，初级产品占比很少。

从出口国家看，出口 SITC0（食品及活动物）较多的国家分别为越南（39.87 亿美元）、泰国（27.63 亿美元）、马来西亚（22.31 亿美元）、菲律宾（18.89 亿美元）、俄罗斯（18.01 亿美元）和印度尼西亚（18.64 亿美元），合计 145.35 亿美元，占该类商品出口总额的 74.67%。出口 SITC1（饮料及烟酒）

表3.4 2017年中国对"一带一路"沿线主要国家出口商品情况

单位：亿美元，%

商品编码	SITC0	SITC1	SITC2	SITC3	SITC4	SITC5	SITC6	SITC7	SITC8	SITC9
商品名称	食品及活动物	饮料及烟酒	非食用原料	矿物燃料、润滑油及原料	动植物油脂及蜡	化学成品及有关产品	按原料分类的制成品	机械运输设备	杂项制品	未分类的商品
合计	194.66	8.60	50.95	160.13	1.50	531.32	1464.95	2629.20	1254.91	17.49
占比	93.96	89.35	92.09	97.58	87.57	92.14	86.35	89.55	83.97	92.41
越南	39.87	0.46	8.71	12.06	0.11	56.37	219.28	280.21	91.93	7.17
印度	3.42	0.09	5.60	7.10	0.08	113.40	110.40	354.14	85.74	0.46
新加坡	6.84	0.73	0.81	64.04	0.16	19.59	49.08	235.96	71.99	1.00
俄罗斯	18.01	0.15	1.96	2.44	0.04	26.30	62.97	179.20	136.39	0.85
马来西亚	22.31	0.67	2.32	18.22	0.30	36.11	80.41	167.58	87.71	1.50
泰国	27.63	0.18	4.98	2.91	0.14	51.38	79.73	165.19	52.96	0.32
印度尼西亚	18.64	2.30	5.42	7.80	0.20	43.91	92.17	135.10	41.80	0.24
菲律宾	18.89	0.64	1.00	23.74	0.02	19.39	99.67	92.07	65.06	0.19
阿联酋	3.75	0.99	0.85	3.88	0.01	11.03	62.04	123.61	80.89	0.20
伊朗	2.02	0.17	2.27	0.86	0.01	14.27	47.89	92.46	25.87	0.03
沙特阿拉伯	2.67	0.00	0.69	0.49	0.04	7.16	48.85	55.89	67.83	0.12
巴基斯坦	2.95	0.02	2.60	0.19	0.02	22.38	58.96	74.62	20.73	0.04
土耳其	1.55	0.07	3.63	1.32	0.08	20.96	39.93	86.45	27.13	0.10
波兰	1.96	0.19	1.45	0.22	0.02	7.69	26.88	75.41	64.72	0.20
孟加拉国	2.58	0.00	1.31	8.92	0.04	11.29	73.10	40.56	13.85	0.05
哈萨克斯坦	3.09	0.03	0.06	0.37	0.00	4.53	23.94	28.12	55.47	0.03
埃及	0.84	0.54	1.34	0.08	0.02	8.70	32.26	32.35	18.70	0.03
缅甸	3.51	0.44	1.01	1.56	0.00	6.12	31.46	36.34	5.76	3.27
以色列	1.96	0.01	0.73	0.08	0.02	7.85	22.17	27.21	28.92	0.24
捷克	0.41	0.00	0.16	0.00	0.01	1.11	3.86	71.95	10.30	0.11

资料来源：根据UN Comtrade数据库计算得出。

最多的国家是印度尼西亚（2.30 亿美元），阿联酋、新加坡、马来西亚、菲律宾和埃及等国也较多。出口 SITC2（非食用原料）较多的国家有越南、印度、印度尼西亚、泰国、土耳其、马来西亚等。出口 SITC3（矿物燃料、润滑油及有关原料）较多的国家有新加坡（64.04 亿美元）、菲律宾（23.74 亿美元）和马来西亚（18.22 亿美元），三国占该商品出口的 66.20%。出口 SITC4（动植物油脂及蜡）较多的国家有马来西亚、印度尼西亚、新加坡、泰国，四国占总额的 53.33%。出口 SITC5（化学成品及有关产品）最多的国家是印度（113.40 亿美元），占该商品出口额的 21.35%，越南、泰国、印度尼西亚和马来西亚总共 187.77 亿美元左右，主要分布在沿线国家出口排名前十的国家。出口 SITC6（按原料分类的制成品）最多的是越南（219.28 亿美元）。对“一带一路”沿线国家出口最多的商品是 SITC7（机械运输设备），其中对印度（354.14 亿美元）和越南（280.21 亿美元）最多，其次对新加坡、俄罗斯、马来西亚、泰国、印度尼西亚和阿联酋出口都较高。俄罗斯出口 SITC8（杂项制品）最多，越南、马来西亚和印度紧随其后，出口 SITC9（未分类的商品）较多的国家是越南、缅甸、马来西亚和新加坡。

表 3.5 描述了 2017 年中国从“一带一路”沿线主要国家进口 SITC 十大类商品分布，2017 年中国从“一带一路”沿线国家进口商品总额为 4540.2 亿美元，进口商品分布总体较为分散。其中，进口最多的商品是 SITC3（矿物燃料润滑油及有关原料），为 1497.78 亿美元，占进口总额的 32.99%，其次是 SITC7（机械运输设备），为 1217.07 亿美元，占比 26.81%，SITC5（化学成品及有关产品）和 SITC2（非食用原料）分别占 10% 以上，SITC1（饮料及烟酒）进口最少，仅为 4.09 亿美元，占 0.09%。从进口国家看，进口 SITC0（食品及活动物）最多的国家是泰国（38.05 亿美元），占总进口的 28.63%，其次是越南（25.92 亿美元）和俄罗斯（16.47 亿美元），印度尼西亚、菲律宾、马来西亚也较多。进口 SITC1（饮料及烟酒）较多的国家有泰国、新加坡、马来西亚、俄罗斯和印度尼西亚。进口 SITC2（非食用原料）最多的国家是泰国（78.81 亿美元）和俄罗斯（71.98 亿美元），印度尼西亚、印度、马来西亚和越南也较多，该类商品进口来源国较多。SITC3（矿物燃料、润滑油及有关原料）是中国进口最多的商品之一，主要集中在能源资源丰富的中东和独联体国家（Thorbecke，2013），如俄罗斯（274.32 亿美元）、沙特阿拉伯（214.72 亿美元）、伊拉克（138.13 亿美元）、阿曼（124.82 亿美元）、伊朗和印度尼西亚等国。进口 SITC4（动植物油脂及蜡）集中在印度尼西亚（38.08 亿美元）和马来西亚（19.37 亿美元），两国占该类

商品进口额的79.71%。进口SITC5（化学成品及有关产品）主要集中在沙特阿拉伯、新加坡、泰国、伊朗和马来西亚。进口SITC6（按原料分类的制成品）主要集中在印度、印度尼西亚、越南、俄罗斯和哈萨克斯坦以及部分中东欧国家。进口SITC7（机械运输设备）主要集中在东南亚国家，其中马来西亚（346.45亿美元）、越南（244.09亿美元）、泰国（172.69亿美元）和菲律宾（143.65亿美元）四国占该商品进口额的74.51%。进口SITC8（杂项制品）主要集中在越南、泰国、新加坡、马来西亚和印度尼西亚，五国占比达69.99%。SITC9（未分类的商品）主要分布在越南、新加坡、缅甸和俄罗斯，四国占比96.24%。

表3.5　2017年中国从“一带一路”沿线主要国家进口贸易情况

单位：亿美元,%

商品编码	SITC0	SITC1	SITC2	SITC3	SITC4	SITC5	SITC6	SITC7	SITC8	SITC9
商品名称	食品及活动物	饮料及烟酒	非食用原料	矿物燃料、润滑油及有关原料	动植物油脂及蜡	化学成品及有关产品	按原料分类的制成品	机械运输设备	杂项制品	未分类的商品
合计	132.91	4.09	483.11	1497.78	72.07	461.81	301.16	1217.07	203.90	166.30
占比	87.88	66.97	86.33	97.85	91.75	94.99	82.75	90.32	80.66	97.45
马来西亚	6.35	0.38	30.66	82.61	19.37	31.63	9.66	346.45	16.96	0.18
越南	25.92	0.23	30.46	10.68	0.10	7.47	33.27	244.09	50.68	100.84
泰国	38.05	0.78	78.81	13.24	0.55	59.28	18.87	172.69	33.49	0.21
俄罗斯	16.47	0.28	71.98	274.32	2.26	12.32	25.58	5.90	1.91	2.87
新加坡	2.43	0.64	3.91	50.65	0.09	75.01	3.93	129.44	28.53	47.84
沙特阿拉伯	0.01	0.00	5.98	214.72	0.04	95.80	0.62	0.44	0.00	0.00
印度尼西亚	13.23	0.27	52.06	94.83	38.08	14.69	40.42	19.02	13.05	0.09
菲律宾	6.79	0.05	21.40	3.64	0.96	5.09	3.77	143.65	6.99	0.04
伊朗	0.26	0.00	24.39	122.70	0.00	35.79	2.36	0.03	0.00	0.01
印度	2.47	0.02	36.76	3.07	4.20	26.81	70.95	13.70	5.36	0.13
伊拉克	0.01	0.00	0.00	138.13	0.00	0.00	0.00	0.00	0.00	0.00
阿曼	0.01	0.00	1.48	124.82	0.00	6.72	0.80	0.00	0.00	0.00
阿联酋	0.17	0.04	5.62	86.35	0.02	28.16	1.05	0.42	0.13	1.14
科威特	0.00	0.00	0.39	77.82	0.00	11.12	0.00	0.01	0.00	0.00
土库曼斯坦	0.01	0.00	0.32	65.36	0.00	0.03	0.02	0.00	0.00	0.00

续表

商品编码	SITC0	SITC1	SITC2	SITC3	SITC4	SITC5	SITC6	SITC7	SITC8	SITC9
商品名称	食品及活动物	饮料及烟酒	非食用原料	矿物燃料、润滑油及有关原料	动植物油脂及蜡	化学成品及有关产品	按原料分类的制成品	机械运输设备	杂项制品	未分类的商品
卡塔尔	0.00	0.00	1.43	53.11	0.00	9.41	0.05	0.00	0.00	0.00
哈萨克斯坦	0.75	0.00	13.05	11.70	0.45	12.78	24.99	0.04	0.00	0.02
蒙古	1.52	0.00	23.53	25.74	0.00	0.05	0.68	0.00	0.01	0.14
缅甸	1.72	0.02	14.39	12.13	0.00	0.16	7.05	0.30	1.01	8.50
以色列	0.61	0.00	0.47	0.02	0.01	6.36	5.16	23.06	6.33	0.03

资料来源：根据 UN Comtrade 数据库计算得出。

综上所述，中国对“一带一路”沿线国家出口的十大类商品分布中，主要集中在排名前十的国家，工业制成品出口国家在 SITC5、SITC6 和 SITC7 商品上分布较为明显（傅朝阳，2005），出口商品分布的国家体现出中国对“一带一路”沿线国家在出口工业制成品上具有一定的比较优势（刘林青、谭畅，2016），尤其是在机械运输设备上，发挥出口商品比较优势，扬长避短是出口的基础。中国从“一带一路”沿线国家进口商品分布较广，主要是由所在国比较优势商品分布决定的，进口商品主要是原料类产品和一些技术含量较高的产品（樊纲等，2006；刘丽琴、丛平鑫，2013），目前主要是以初级产品为主，体现在 SITC3 和 SITC4 商品上，发挥各国商品比较优势，是促进国际间贸易不断发展的根本。

3.3 “一带一路”沿线国家出口复杂度分析

对于动态比较优势指标的研究，有学者采用出口复杂度指标来衡量。出口复杂度（Export Sophisitcation）指标由 Hausmmann 等（2005）首次提出，有的学者称其为出口技术复杂度或出口技术含量，认为一国（地区）的出口水平与该国收入水平之间呈正相关，并通过计算出口特定商品所有国家的加权平均收入获得，其权重为该产品在一国（地区）出口中的比重，即显示性比较优势（RCA）

指标的分子部分。

根据出口复杂度指标，可以分别衡量一国（地区）出口产品、产业或一国总体出口的技术含量。当衡量出口产品层面时，出口复杂度指标可以体现出一国（地区）的出口商品结构，一国（地区）出口产品的出口复杂度越高，说明该国（地区）出口产品的技术含量也越高，也说明该国（地区）的专业化生产程度越高，表明其积极参与国际分工和专业化生产，体现了一国（地区）在国际分工体系中所处的地位。产品层面的复杂度分为产品间和产品内出口复杂度，其中产品间出口复杂度衡量的是出口产品的种类，产品内出口复杂度衡量出口产品质量。当衡量一国（地区）层面的出口复杂度时，可以理解为一国（地区）出口商品中包含技术和资本禀赋以及出口商品结构。

随着经济增长方式的转变，出口商品结构和质量越来越受到重视，出口复杂度的研究也受到重视（张雨、戴翔，2015；Erkan，2015），大部分学者主要基于EXPY 指数或 ESI 指数进行研究，而 EXPY 指数应用更广泛，学者们普遍认为中国的出口复杂度在不断地提高（郭晶，2010；问泽霞、张晓辛，2016），但是否远高于其自身发展水平还存在疑问（戴翔、张二震，2011；戴翔、金碚，2014），因此大部分的文献侧重于中国出口复杂度的国际比较（李磊等，2012；尹宗成、田甜，2013）。对于其内在机制方面的研究，比如金融支持等方面，大部分国内外学者未能全面考虑各种因素，尤其是未能区分众多因素中的决定因素。虽然学者们对 EXPY 指数做了一定的修正，但这并不能影响 EXPY 指数在研究出口复杂度方面的重要地位（黄永明、张文洁，2012；顾国达、郭爱美，2013）。

根据出口复杂度的计算公式可知，如果计算出某产品的出口复杂度较高，表明该产品是高收入国家出口，反之则为低收入国家出口（Felipe，2010，2012；Hartmann，2012，2017）。由于出口产品层面投入的研发数据无法统计，Lall（2006）认为产品层面出口技术含量无法测度。因此出口复杂度指标优点体现在用出口国（地区）人均 GDP 或收入程度表示该国（地区）出口产品技术含量，所以在测度该指标时需要满足“出口国（地区）人均 GDP 或收入程度越高，则出口产品复杂度越高”这一假设条件。当然出口复杂度绝非单一衡量技术含量，还包括基础设施、运输成本等很多其他影响因素。所以为了综合反映一国（地区）出口复杂度指标实际意义，还需要测度出口复杂度的增速，本书主要计算出国家层面该指标的增长率均值，如果一国（地区）出口复杂度增速均值较高，说明出口较多来自于发达国家（地区），其出口产品发展空间较大。因此分析一国（地区）出口复杂度时，需要计算出口复杂度和出口复杂度增长率两方面进行综合分析。

Hausman（2007）认为产品密度是衡量产品比较优势的一个内在因素，还受其他因素影响，比如产品是否具有更高的技术复杂度，说明该产品的技术含量也越高（张海波、李东，2015）。Lall（2008）认为技术复杂度指标测度动态比较优势是重要指标，该指标将各国某商品的显示性比较优势作为权重进行衡量，即在 RCA 指标基础上加入人均 GDP，认为人均 GDP 越高的国家，其产品技术复杂度越高。产品技术复杂度公式，即衡量一国（地区）人均 GDP 的加权平均，权重即为 RCA 的计算公式，即：$\frac{xval_{i,c,t}/\sum_{i} xval_{i,c,t}}{\sum_{c} xval_{i,c,t}/\sum_{i}\sum_{c} xval_{i,c,t}}$。计算出口产品技术复杂度，需要先计算一国（地区）某种产品的出口技术复杂度，计算公式为式（3.1），然后再计算一国（地区）层面的出口产品复杂度。

$$PRODY_{i,t} = \sum_{c}\left[\frac{xval_{i,c,t}/\sum_{i} xval_{i,c,t}}{\sum_{c} xval_{i,c,t}/\sum_{i}\sum_{c} xval_{i,c,t}} Y_{c,t}\right] \tag{3.1}$$

式中，$PRODY_{i,t}$为 t 时期 C 国（地区）出口 i 产品的技术复杂度，$Y_{c,t}$为 C 国（地区）t 时期人均 GDP。$Y_{c,t}$左边式子是 RCA 值，通过公式可以计算出一国（地区）某种产品的出口技术复杂度。

$$EXPY_{c,t} = \sum_{t}\left(\frac{xval_{i,c,t}}{\sum_{i} xval_{i,c,t}} \times PRODY_{i,t}\right) \tag{3.2}$$

式中，$EXPY_{c,t}$为 t 期 C 国（地区）层面出口产品技术复杂度，$PRODY_{i,t}$为 i 产品的出口复杂度，$\frac{xval_{i,c,t}}{\sum_{i} xval_{i,c,t}}$为 C 国（地区）$t$ 时期出口 i 产品在该国所有出口产品中所占比重。在某产品出口技术复杂度公式上，计算出口产品技术复杂度，即某国（地区）t 时期某种产品的出口占该国所有产品出口比重，可以理解为国家（地区）层面出口技术复杂度的加权平均。

图 3.7 为 1995 ~2017 年中国十大类出口商品技术复杂度分布情况，总体上看，中国出口工业制成品复杂度明显比出口初级产品复杂度要高。随着时间变化，出口工业制成品与出口初级产品差距不断拉大，2017 年变化较为显著，说明中国出口产品主要由初级产品向工业制成品转变。中国在出口 SITC6、SITC7 和 SITC8 上复杂度都比较高，虽然 SITC0 ~ SITC4 类和 SITC5 ~ SITC9 类产品随着时间推移差距不断变大，但各产品变化差距有所趋缓，中国出口产品结构在进行调整和改善。

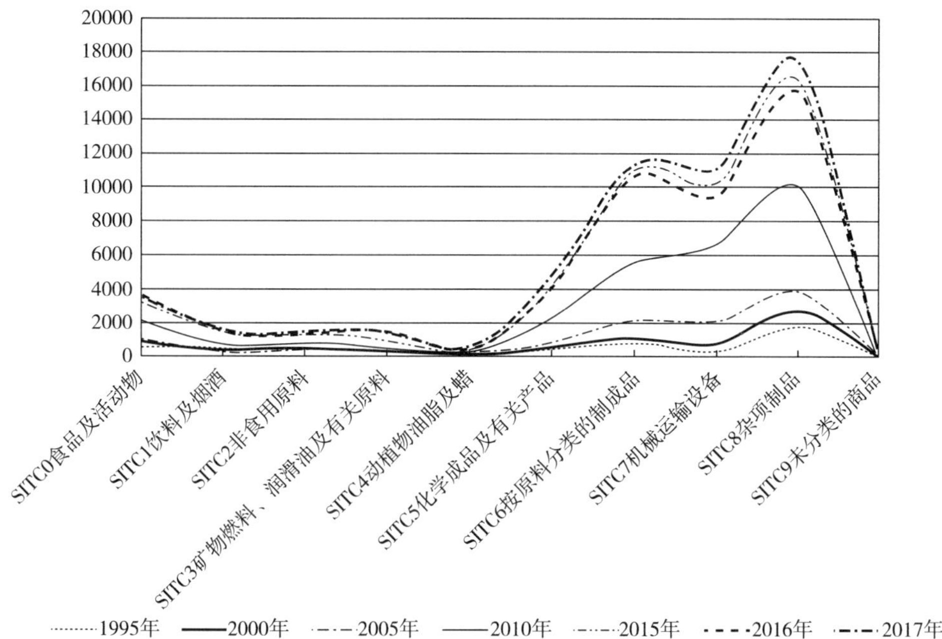

图3.7　1995～2017年中国出口产品技术复杂度分布（SITC－1位码）

资料来源：根据《中国统计年鉴》计算得出。

根据联合国商品贸易统计数据库（UN Comtrade）和世界银行统计数据库（World Bank Data），按照SITC－1位码商品分类标准，通过式（3.2）计算出“一带一路”沿线部分国家出口技术复杂度，指标值越大表示一国（地区）出口贸易越具有比较优势。表3.6展示了1995～2017年“一带一路”沿线部分国家出口技术复杂度，其中阿联酋、沙特阿拉伯、阿曼等国出口技术复杂度最高，近几年持续增高，而中东欧国家和东南亚等国持续稳步小幅增长。

表3.6　1995～2017年“一带一路”沿线部分国家出口技术复杂度

国家代码	国家	1995年	2000年	2005年	2010年	2015年	2016年	2017年
48	巴林	59096.4	170589.4	87615.1	77381.3	57126.1	88158.4	—
156	中国	969.7	1481.4	2404.7	6742.3	11260.7	10577.5	11869.8
191	克罗地亚	6758.2	5971.9	11690.6	15116.6	13807.7	14805.2	15761.6
203	捷克	6987.7	7265.0	15873.3	24954.2	22186.2	22202.1	25714.2
233	爱沙尼亚	4290.0	5780.9	12216.9	16304.4	18783.1	20021.3	21891.6

续表

国家代码	国家	1995 年	2000 年	2005 年	2010 年	2015 年	2016 年	2017 年
348	匈牙利	5777. 2	5525. 0	13816. 4	17005. 3	15218. 4	14654. 5	17068. 6
360	印度尼西亚	2536. 5	1437. 0	3189. 3	10724. 5	14777. 0	16240. 9	18010. 5
376	以色列	25602. 9	37200. 9	43468. 8	55823. 9	59951. 1	57689. 2	64512. 7
398	哈萨克斯坦	3249. 3	9123. 3	16415. 6	33341. 1	50393. 7	46526. 0	43136. 2
400	约旦	7231. 7	2951. 4	4928. 9	7311. 7	8352. 1	7181. 9	7649. 5
417	吉尔吉斯斯坦	829. 3	1432. 9	2206. 5	5779. 9	6299. 8	6146. 9	—
428	拉脱维亚	5192. 7	15469. 9	16685. 2	20505. 6	21618. 0	21826. 7	25799. 6
440	立陶宛	3426. 2	4824. 0	10692. 9	15885. 8	18859. 6	20380. 4	21653. 4
458	马来西亚	8433. 6	6345. 1	9214. 9	21311. 3	18015. 3	18428. 8	17998. 3
462	马尔代夫	12813. 8	15832. 5	33045. 5	115960. 6	147754. 8	153987. 8	161316. 8
498	摩尔多瓦	4858. 0	5060. 4	10719. 2	7274. 8	5472. 0	5264. 8	6153. 9
512	阿曼	70742. 4	59217. 5	73027. 1	69628. 8	70104. 1	96087. 4	78267. 6
586	巴基斯坦	1321. 6	1584. 5	1910. 4	2638. 3	3858. 5	3831. 3	4018. 8
608	菲律宾	6325. 6	1659. 4	1995. 8	5348. 9	4229. 5	4018. 4	4338. 3
616	波兰	4676. 8	5463. 9	9193. 0	15488. 5	14904. 9	14223. 9	16445. 1
642	罗马尼亚	2596. 2	3026. 0	6700. 2	9744. 4	10087. 6	10346. 4	12250. 2
643	俄罗斯	—	5758. 4	18803. 3	34658. 7	38490. 9	36261. 6	43702. 5
682	沙特阿拉伯	105191. 9	77472. 4	90355. 2	96368. 1	121029. 5	—	—
699	印度	656. 6	870. 4	1132. 1	1817. 2	2081. 3	2294. 6	2615. 0
702	新加坡	32889. 7	31142. 2	37335. 6	58153. 7	64312. 5	63509. 3	71330. 0
703	斯洛伐克	7354. 4	6461. 3	13616. 4	21998. 8	21376. 7	20983. 7	22884. 2
784	阿联酋	—	196260. 7	170848. 4	109979. 6	243293. 7	—	—
792	土耳其	5229. 6	7351. 1	10365. 1	14931. 3	13944. 7	13306. 7	13133. 5
807	马其顿	4375. 1	5368. 6	7770. 7	9401. 0	6924. 2	7261. 0	7532. 2
818	埃及	3236. 1	3573. 1	3351. 5	4207. 4	5598. 9	5846. 4	3798. 9

资料来源：根据 UN Comtrade 数据库和世界银行统计数据库计算得出，“—”表示无数据。

为了便于比较，表 3.7 主要展示了 1995 ~ 2017 年，计算出的“一带一路”沿线部分国家的出口技术复杂度均值。数据显示各国均值差距较大，比如沙特阿拉伯的出口技术复杂度均值较大，达到 98083. 43，而印度则很小，为 1638. 17，二者相差约 110 倍，表明这两个国家出口产品有很大的动态比较优势。从均值分

布的国家来看，绝大部分属于中东欧国家和部分西亚国家，并且数值较大，具有较强的动态比较优势。而印度、巴基斯坦、菲律宾、吉尔吉斯斯坦、埃及等一些南亚国家的动态比较优势不明显（Khan，2016）。

表3.7　1995～2017年“一带一路”沿线部分国家出口技术复杂度均值

国家	均值	国家	均值	国家	均值
中国	6472.30	吉尔吉斯斯坦	3782.53	罗马尼亚	7821.56
巴林	89994.45	拉脱维亚	18156.83	俄罗斯	29612.56
克罗地亚	11987.38	立陶宛	13674.61	沙特阿拉伯	98083.43
捷克	17883.26	马来西亚	14249.60	印度	1638.17
爱沙尼亚	14184.03	马尔代夫	91530.27	新加坡	51239.01
匈牙利	12723.63	摩尔多瓦	6400.44	斯洛伐克	16382.21
印度尼西亚	9559.35	阿曼	73867.85	阿联酋	180095.60
以色列	49178.48	巴基斯坦	2737.64	土耳其	11180.28
哈萨克斯坦	28883.58	菲律宾	3987.99	马其顿	6947.53
约旦	6515.32	波兰	11485.14	埃及	4230.32

资料来源：根据UN Comtrade数据库和世界银行统计数据库计算得出。

图3.8为1995～2017年“一带一路”沿线主要国家的出口技术复杂度增长率均值，与技术复杂度均值比较，发现一些国家的出口技术复杂度均值高并不代表其增长率高，阿联酋在均值上最高达到180095.60，但其在增长率上反而很低，中国复杂度均值为6472.30，相对于其他国家并不高，但其增长率均值却较高，说明中国出口产品比较优势有很大的增长空间，也说明中国出口复杂度的快速发展与积极参与国际分工和专业化生产和分工有关，有利于企业生产效率的提高和创新。而阿联酋增长空间很小，印度均值最低为1638.17，但其增长率均值处于中等，说明其出口产品比较优势还有增长空间。通过出口技术复杂度增长率均值，可以判断哪些国家出口产品具有比较优势的增长空间（唐俊，2015）。比如俄罗斯、哈萨克斯坦、印度等国家出口比较优势产品的增长空间很大。对于中国和“一带一路”沿线国家可以积极响应“一带一路”倡议，抓住机遇，努力发挥本国出口产品的比较优势和资源禀赋，促进本国经济贸易发展。

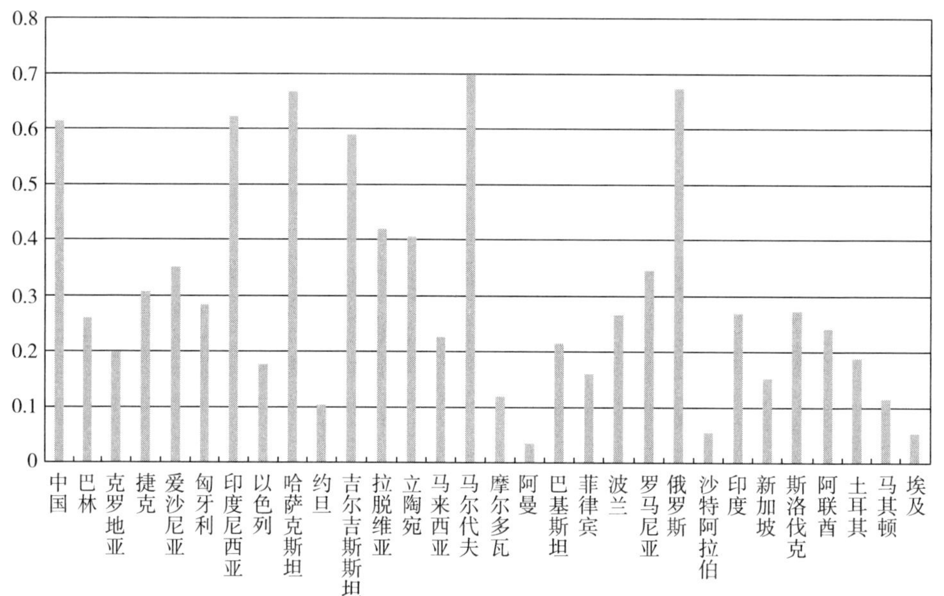

图 3.8　1995～2017 年“一带一路”沿线主要国家出口技术复杂度增长率均值

资料来源：根据 UN Comtrade 数据库和世界银行统计数据库计算得出。

3.4　本章小结

（1）中国近年来对外贸易发展势头强劲。在 2013 年首次超越美国，成为世界第一大货物贸易国。2015 年和 2016 年中国贸易出现下滑是由于全球经济低迷、汇率波动等综合因素造成的。说明中国依靠低成本发展外贸的时代已经结束了，中国的产品结构和产业结构需要重新调整和升级，相关产品和产业发展进入了结构转换的过渡时期，原有比较优势逐渐丧失，而潜在比较优势培育尚需时间，处于潜在比较优势向比较优势转化过程中。因此，进出口产品结构中初级产品相对较少，主要进出口工业制成品。2017 年和 2018 年中国对外贸易总体形势好转，并且成为世界上第一大货物输出国，得益于发现并培育出一些比较优势产品的生产与出口，产业结构和产品结构转变效果通过国际贸易体现出来。

（2）中国与“一带一路”沿线国家贸易发展势头良好（高丽娜、蒋伏心，

2017)，中国与“一带一路”沿线国家贸易主要集中在部分东南亚国家和南亚的印度，西亚的阿联酋和阿曼以及俄罗斯。进口国主要是马来西亚、泰国、沙特阿拉伯和俄罗斯，而新加坡则逐年下降，近几年出口国主要是印度、越南、俄罗斯、马来西亚和新加坡。中国从“一带一路”沿线国家进口商品主要是原料类产品和一些技术含量较高的产品，目前主要是以初级产品为主。

(3) 通过对“一带一路”沿线国家出口技术复杂度指标进行分析，总体上看，中国在出口工业制成品复杂度明显高于初级产品复杂度（齐俊妍，2009），随着时间推移二者差距不断拉大，说明中国出口产品主要由出口初级产品向工业制成品转变（陈晓华等，2011）。“一带一路”国家中俄罗斯、哈萨克斯坦、印度等国出口比较优势产品的增长空间很大。一国（地区）出口技术复杂度的快速提高与一国（地区）某一行业积极从事国际分工和专业化生产有关，国际分工和专业化生产能够提高生产效率，节约劳动时间，有利于发明创造，对一国（地区）出口商品结构转变有着重要作用。

第4章　产品空间对动态比较优势作用的机理分析

4.1　产品空间对动态比较优势作用的机理分析

4.1.1　结构转型与产品空间

考虑一个世代交叠的模型，在每个时期都有年轻未受过训练的工人和受过训练的工人。在第一阶段，年轻未受过训练的工人不生产，而是由受过训练的工人在生产特定产品的过程中进行培训年轻工人。也就是说，训练是通过观察来完成的。在第二阶段，年轻未受过训练的工人成为一名受过训练的工人，拥有专门的人力资本来生产他所接受的培训。他既可以生产同样的产品，也可以选择另一种产品，即她生产特定产品是一个不完美的替代品。考虑到这一选择，他将培训新来的年轻未受过训练的工人生产该产品。

把每个熟练工人的产量固定到1，产品价格会随着距离的增加而直线上升。产品空间不是连续的。从当前生产产品 i 转移到生产另一个产品 j 的额外收入为：

$$\Delta P_{i,j} = fS_{i,j} \tag{4.1}$$

当产品价格随着距离的增长而上升时，特定于产品的人力资本的可替代性就会随着距离的减少而降低，这意味着生产成本的增加。$S_{i,j}$为 i 产品和 j 产品之间的距离，从当前生产产品 i 转移到生产另一个产品 j 的额外成本是：

$$C(S_{i,j}) = \frac{c(S_{i,j})^2}{2} \tag{4.2}$$

因此，受过培训的工人获得的利润最大化为：

$$\max \prod_{s_{i,j}} = fS_{i,j} - \frac{c(S_{i,j})^2}{2} \tag{4.3}$$

以及产品转移的最优距离：

$$S_{i,j}^* = \frac{f}{c} \tag{4.4}$$

产品转移的最优利润为：

$$\prod_{S_{i,j}^*} = \frac{f^2}{2c} \tag{4.5}$$

直到i产品生产利润为0。当i产品和j产品的距离超过$S_{i,j}^*$时，利润开始下降，当两者距离达到$\frac{2f}{c}$时，利润为0。

如果有连续的产品可以生产，培训过的工人就会生产邻近产品。假设一个不连续的产品空间，培训过的工人将会在现有可生产商品中选择最大化利润的产品来生产（见式（4.3））。如果不存在距离当前产品$\frac{2f}{c}$的邻近产品，那么工人仍将保持在目前特定产品高成本的产品生产。如果邻近的产品距离目前生产产品为$\frac{2f}{c}+\varepsilon$，转移生产将会导致入不敷出。因此，企业选择生产的利润空间是在$S<\frac{2f}{c}$。

关于产品之间的距离，考虑在n维产品的空间里，产品空间由一个n×n矩阵来表示：

$$\Delta = \begin{bmatrix} 0 & S_{i,2} & S_{i,3} & \cdots & S_{i,n} \\ & 0 & S_{j,3} & \ddots & \vdots \\ & & \ddots & \ddots & \vdots \\ & & & \ddots & S_{n-1,n} \\ & & & & 0 \end{bmatrix} \tag{4.6}$$

在这个n维空间里，如果考虑人力资本在产品上的可替代性，产品空间的结构转型模式则具有路径依赖。只要产品空间是连续的，企业都会维持在一定区域空间内进行生产，但是如果产品空间距离超出$\frac{2f}{c}$，企业利润就会降为0，生产就会停滞。由于公司的未来利润是从特定人力资本等资源中获取，在某种产品区域内出现生产停滞意味着企业经营失败，因此企业会在保持目前生产结构和状态下，积极寻找与当前产品生产相类似的其他产品开始生产，只要保证类似产品与当前生产的产品距离在$\frac{2f}{c}$以内即可。

4.1.2 产品距离与产品空间

进一步考虑第2期生产，衡量两种产品进行生产转移的距离。假设某国只生产i产品和j产品，在第1期i产品属于比较优势产品，j产品属于潜在比较优势产品，分析生产者的生产目的是追求利润最大化。i产品和j产品的价格和产量分别表示为P_i和Q_i，P_j和Q_j，$S_{i,j}$表示两产品之间距离。生产者具备生产i产品的生产能力和生产条件，因此生产i产品较为熟悉且可以获利$\pi_i = P_iQ_i$，如果生产j产品，则获利$\pi_j = P_jQ_j - C$，成本C是由于不熟悉j产品生产所付出的代价，可以理解为生产结构转变相应付出的成本，比如基础设施、生产设备等固定成本的投入。当$P_i < P_j$时，生产者仅生产i产品，当$P_i > P_j$时，生产者才会考虑生产j产品。

考虑生产者从当前生产i产品转移到生产j产品的额外成本是$C(S_{i,j}) = \frac{c(S_{i,j})^2}{2}$，则生产者利润最大化为：

$$\max_{S_{i,j}} \prod = fS_{i,j} - \frac{cS_{i,j}^2}{2}(f\text{ 为系数}) \tag{4.7}$$

对于新生产者分2期开始生产j产品利润最大化则为：

$$\max_{S_{i,j}^1, S_{i,j}^2} \prod = fS_{i,j}^1 - \frac{c(S_{i,j}^1)^2}{2} + fS_{i,j}^2 - \frac{c(S_{i,j}^2 - S_{i,j}^1)^2}{2} \tag{4.8}$$

$S_{i,j}^1$和$S_{i,j}^2$为生产者第1期和第2期生产i产品向生产j产品转移的距离，对式（4.7）和式（4.8）进行计算，得出生产两产品最佳距离为$S_{i,j} = \frac{f}{c}$、$S_{i,j}^1 = \frac{2f}{c}$和$S_{i,j}^2 = \frac{3f}{c}$。以此距离为依据，组织两产品的生产。

4.2 比较优势和产品距离的测算

衡量产品之间距离的方法，以避免任何对相似度相关维度的先验（贺灿飞等，2017），主要是以结果为基础，选择各国在两种商品上都显示出比较优势的可能性，以反映必要的特定要素的相似之处。本书选择产品出口数据，出口产品

代表一个国家具有比较优势的产品，它必须通过相当严格的市场测试，而不是仅仅满足国内市场的生产和需求。对于一个国家，在出口商品中显示比较优势，它必须有较强的资源禀赋和能力，才能生产出好的产品并能成功出口。如果两种商品都需要相同的生产要素，那么该国在这两种商品生产具有比较优势的可能性就会更高，因此可以在"一带一路"国家样本中计算这一概率。

采用计算两个产品出口的联合概率，主要考虑结合两个产品之间的相似性和产品在全球贸易中的整体存在。比如，如果每一个出口鸡蛋的国家都出口鸡肉，这两种产品似乎极其相似，但是任何一个出口这两种商品的国家的联合概率都很小，因此有必要衡量这两种产品之间的距离。一个国家同时出口两种具有比较优势的产品，但这两种产品可能有很大不同，比如中国在出口纺织品和煤炭产品上具有比较优势，这种出口体现的是产品多样性而不是相似性，因此，采取条件概率最小值来衡量这种关联度。它与距离具有反向意思，两种产品关联度越高，则两种产品之间距离越近。对于两种产品接近程度或距离有多近，在计量进行部分衡量。条件概率不是一个对称的度量，也就是说 $P(x_{i,t} \mid x_{j,t})$ 不等于 $P(x_{j,t} \mid x_{i,t})$。只能表示 i 产品与 j 产品距离相等，但两种商品间的距离是对称的，因此用条件概率的最小值作为对距离的逆度量。

产品邻近性（或相似性）的计算。采用 Hausmann 和 Klinger（2007）的方法，产品邻近程度 $\varphi_{i,j,t}$ 为分别计算一国（地区）在 i 产品和 j 产品同时具有比较优势的条件概率，并取最小值。具体计算为一国（地区）在 i（或 j）产品上有比较优势，以及在 i 产品和 j 产品上有比较优势的国家数目，在 i（或 j）产品上有比较优势的国家总数目的比例，取两者最小值衡量产品邻近性（或距离）。计算公式如下：

$$\varphi_{i,j,t} = \min\{P(x_{i,t} \mid x_{j,t}),\ P(x_{j,t} \mid x_{i,t})\} \tag{4.9}$$

$$x_{i,c,t} = \begin{cases} 1 & RCA_{i,c,t} \geq 1 \\ 0 & RCA_{i,c,t} < 1 \end{cases} \tag{4.10}$$

式中，$\varphi_{i,j,t}$ 表示 i 产品和 j 产品之间的邻近程度（或距离），该值越大说明两种产品的邻近程度越接近，邻近程度是距离的逆向指标，即邻近性越大距离越小。$P(x_{i,t} \mid x_{j,t})$ 表示 t 时期，出口具有比较优势的 j 产品时，出口具有比较优势的 i 产品的概率。将具有比较优势产品用 0 和 1 逻辑值表示，当 $RCA_{i,c,t} \geq 1$ 时，$x_{i,c,t}$ 取值为 1；当 $RCA_{i,c,t} < 1$ 时，$x_{i,c,t}$ 取值为 0，这样具体计算条件概率 $P(x_{i,t} \mid x_{j,t})$ 时，可表示为同时出口具有比较优势的 i 产品和 j 产品的国家个数，占仅出口具有比较优势的 j 产品的国家个数的比例。而 $P(x_{j,t} \mid x_{i,t})$ 则是同时出口具有

比较优势的 i 产品和 j 产品的国家个数，占出口具有比较优势的 i 产品的国家个数的比例。$P(x_{i,t} \mid x_{j,t})$ 与 $P(x_{j,t} \mid x_{i,t})$ 条件概率并不相等，只能表示 i 产品与 j 产品之间的距离是对称的，因此 $\varphi_{i,j,t}$ 选取两个条件概率最小值度量两种产品之间的邻近程度和距离。

4.3 产品空间分布与比较优势

对于比较优势的衡量，某国（地区）的某种产品是否有比较优势主要是由该产品的显示性比较优势指数（RCA）表示。即一国（地区）某产品显示性比较优势指数是一国（地区）某产品出口额在该国（地区）的出口比例，除以该种产品的世界出口额在全世界总出口额的比例（Balassa，1965），其计算公式为：

$$RCA_{i,c,t} = \frac{xval_{i,c,t} / \sum_{i} xval_{i,c,t}}{\sum_{c} xval_{i,c,t} / \sum_{i} \sum_{c} xval_{i,c,t}} \tag{4.11}$$

式中，$RCA_{i,c,t}$是 C 国（地区）i 产品在 t 时期的显示性比较优势指数，$xval_{i,c,t}$是 C 国（地区）第 t 年在 i 产品上的出口额。若 $RCA_{i,c,t} \geqslant 1$，C 国家（地区）i 产品在 t 时期具有比较优势，$RCA_{i,c,t} < 1$ 则不具备比较优势，即比较劣势（Balassa，1989；Run，1999）。衡量产业竞争力程度时，一般将显示性比较优势指数分为四类：$RCA_{i,c,t} > 2.5$，具有极强的竞争优势；$1.25 < RCA_{i,c,t} < 2.5$ 具有较强的竞争优势；$0.8 < RCA_{i,c,t} < 1.25$ 具有平均的竞争优势；$RCA_{i,c,t} < 0.8$ 不具有竞争优势（董小麟、庞小霞，2007）。

RCA 指数反映的是商品流通领域而非生产领域的相对比较优势，并非直接衡量比较优势，但是该指数考虑了一国（地区）不同产品在国际市场上所占份额，能够体现出一国（地区）的出口绩效，并且充分考虑了贸易政策变化对出口的直接和间接影响，能够体现出一国（地区）出口特征，具有一定的科学性。

产品中心度，根据产品间的邻近程度矩阵计算得出，即对每行（或列）产品与其他产品邻近程度求和，除以产品数量（距离权重产品的最大数）。该指标用来衡量某产品与其他产品在产品空间上的分布情况，若该产品分布于产品空间的中央区域，表明该产品与其他产品联系程度较高（紧密），若分布于产品空间边缘，则表明该产品与其他产品联系程度较低（稀疏）。该值越大，表明距离中

心产品越近，产品间紧密程度越高，反之越疏远。

$$centrality_{i,t} = \frac{\sum_{j} \varphi_{i,j,t}}{J} \tag{4.12}$$

式中，$centrality_{i,t}$表示C国（地区）i产品在t时期的中心度，$\sum_{j} \varphi_{i,j,t}$是i产品和j产品关联程度之和，J为产品数量。

产品密度，产品与当地有比较优势产品的关联密度，反映产品间转换的决定因素。如果某种产品密度较大，表明该产品周围有比较优势产品较多，该产品将来转化为比较优势产品的渠道较多，同时该产品受周围比较优势产品影响，容易吸收周围比较优势产品所具有的技术扩散带来的好处，将来转变为比较优势产品的概率更高。

$$density_{i,c,t} = \left(\frac{\sum_{j} \varphi_{i,j,t} x_{i,c,t}}{\sum_{j} \varphi_{i,j,t}} \right) \tag{4.13}$$

式中，$density_{i,c,t}$表示C国（地区）i产品在t时期的密度。$\varphi_{i,j,t}$指在t时期i产品与j产品的关联程度，$\sum_{j} \varphi_{i,j,t}$是i产品和j产品关联程度之和，$\sum_{j} \varphi_{i,j,t} x_{i,c,t}$是在$t$期产品i与产品j的关联程度矩阵分别与C国（地区）i产品在t时期是否为比较优势产品的逻辑值（即当$RCA_{i,c,t} \geq 1$时，取值为1；当$RCA_{i,c,t} < 1$时，取值为0）的乘积后求和。

4.4 本章小结

本章首先对产品空间和动态比较优势作用的机理进行了分析。其次对比较优势和产品距离的测算方法进行了分析，对于产品邻近性（或相似性）的计算，采用Hausmann和Klinger（2007）的方法，产品邻近程度$\varphi_{i,j,t}$为分别计算一国（地区）在i产品和j产品同时具有比较优势的条件概率，并取最小值。最后对产品空间分布与比较优势变动的关系进行分析。产品中心度和产品密度是基于RCA指数进行分析，产品中心度是根据产品间的邻近程度矩阵表明该产品与其他产品联系程度，产品密度是衡量潜在比较优势产品与当期具有比较优势产品的关联密度，反映产品间转换的决定因素。

第5章 “一带一路”沿线国家贸易产品空间的构建与演变趋势分析

本书按照《国际贸易商品分类标准》SITC分类，将贸易商品分为九大类。

SITC0～SITC4为初级产品：0为食品及活动物（SITC0）；1为饮料及烟酒（SITC1）；2为非食用原料（SITC2）；3为矿物燃料、润滑油及有关原料（SITC3）；4为动植物油脂及蜡（SITC4）。SITC5～SITC9为工业制品：5为化学成品及有关产品（SITC5）；6为按原料分类的制成品（SITC6）；7为机械运输设备（SITC7）；8为杂项制品（SITC8）；9为未分类的商品（SITC9）。其中5为化学成品及有关产品（SITC5）；7为机械运输设备（SITC7），大多属于技术或资本密集型的制成品；6为按原料分类的制成品（SITC6），基本上属于劳动密集型的制成品。

图5.1以中国为例，描述1995～2017年中7个时间段中国出口SITC0～SITC9这十大类产品的RCA指数变化。总体上看，中国十大类出口产品结构发生了明显变化，由出口初级产品向工业制成品转变（张小蒂、李晓钟，2002），初级产品出口越来越少，工业制成品中SITC5～SITC8类出口不断增长，其中动植物油脂及蜡（SITC4）出口下降得最快，化学成品及有关产品（SITC5）和按原料分类的制成品（SITC6）稳步增长。由于受2015年以来国际市场经济低迷和汇率波动等因素影响，2015年和2016年出口工业制成品有下降趋势，也说明中国进入了出口产品结构调整时期。传统初级产品已不具备出口比较优势，为了适应市场经济发展要求及国际市场需求，必须对出口产品结构进行调整（张妍妍、吕婧，2014），以质取胜、提高产品技术含量，积极发现潜在比较优势产品以应对复杂多变的国际市场。

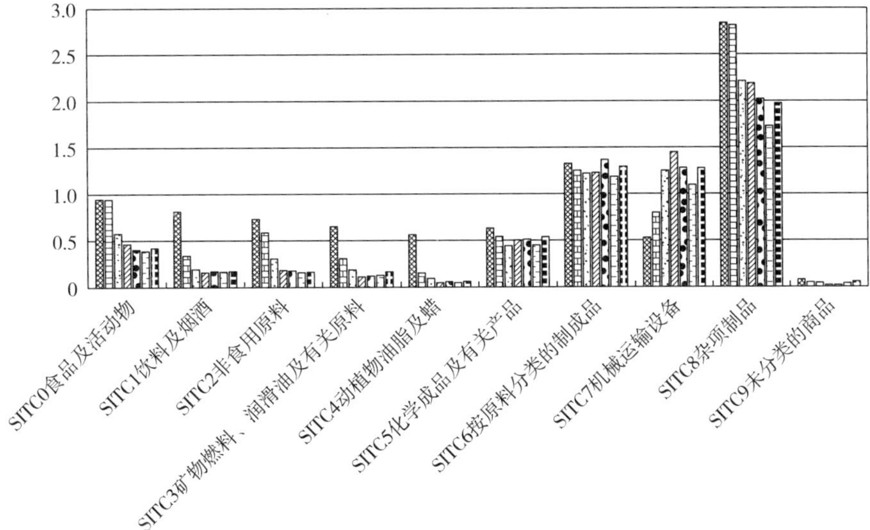

图5.1 1995~2017年中国出口十大类产品的RCA指数变化

资料来源：根据UN Comtrade数据库计算得出。

5.1 "一带一路"沿线国家动态比较优势分析

5.1.1 显示性比较优势指数计算

本章出口数据来源于《联合国商品贸易统计数据库》（UN Comtrade），从1995年到2017年按SITC REV3分类产品中获得。根据《联合国商品贸易统计数据库》的收集数据情况，剔除掉连续3年无数据国家，计算出"一带一路"沿线35个主要国家出口产品显示性比较优势（RCA）指数，表5.1列出沿线部分国家。

表5.1 "一带一路"沿线主要国家RCA指数（SITC-1位码）

RCA		SITC0	SITC1	SITC2	SITC3	SITC4	SITC5	SITC6	SITC7	SITC8	SITC9
国家及代码	年份	食品及活动物	饮料及烟酒	非食用原料	矿物燃料、润滑油及有关原料	动植物油脂及蜡	化学成品及有关产品	按原料分类的制成品	机械运输设备	杂项制品	未分类的商品
156中国	1995	0.945	0.814	0.732	0.651	0.563	0.634	1.329	0.529	2.839	0.077

续表

RCA		SITC0	SITC1	SITC2	SITC3	SITC4	SITC5	SITC6	SITC7	SITC8	SITC9
国家及代码	年份	食品及活动物	饮料及烟酒	非食用原料	矿物燃料、润滑油及有关原料	动植物油脂及蜡	化学成品及有关产品	按原料分类的制成品	机械运输设备	杂项制品	未分类的商品
156 中国	2005	0.575	0.194	0.308	0.188	0.095	0.442	1.217	1.207	2.204	0.055
	2015	0.405	0.173	0.177	0.120	0.058	0.511	1.368	1.280	2.022	0.015
	2016	0.451	0.189	0.178	0.192	0.053	0.498	1.312	1.177	1.915	0.050
	2017	0.419	0.173	0.165	0.168	0.062	0.539	1.291	1.274	1.972	0.056
191 克罗地亚	1995	1.205	1.719	1.350	1.531	0.372	1.821	0.887	0.420	2.073	0.018
	2005	1.532	2.736	1.746	1.129	0.576	0.936	1.057	0.756	1.442	0.004
	2015	1.677	1.823	2.257	1.069	0.473	1.061	1.247	0.662	1.270	0.203
	2016	1.750	1.785	2.122	1.439	0.760	1.136	1.214	0.593	1.278	0.107
	2017	1.508	2.037	1.890	1.148	0.707	1.228	1.290	0.618	1.266	0.093
203 捷克	1995	0.680	0.710	1.289	0.775	0.288	0.954	1.976	0.735	0.965	0.546
	2005	0.619	0.695	0.756	0.240	0.247	0.577	1.538	1.310	0.972	0.487
	2015	0.583	1.030	0.643	0.288	0.636	0.539	1.255	1.524	0.962	0.045
	2016	0.565	1.033	0.589	0.285	0.624	0.496	1.212	1.424	0.983	0.043
	2017	0.488	0.979	0.558	0.192	0.386	0.527	1.180	1.525	1.063	0.064
233 爱沙尼亚	1995	2.121	0.732	2.973	1.285	0.332	0.856	1.149	0.499	1.405	0.004
	2005	1.253	1.508	2.676	0.589	0.691	0.477	1.207	0.872	1.293	1.613
	2015	1.335	1.476	2.081	1.076	0.629	0.467	1.087	0.865	1.194	1.083
	2016	1.175	1.535	2.081	1.258	0.605	0.441	0.975	0.813	1.157	1.789
	2017	1.278	1.132	2.204	1.062	0.691	0.554	1.108	0.821	1.311	0.935
348 匈牙利	1995	2.560	1.838	1.194	0.560	0.774	1.194	1.059	0.653	1.294	0.010
	2005	1.047	0.302	0.539	0.213	0.560	0.741	0.714	1.559	0.754	0.946
	2015	1.050	0.432	0.477	0.225	1.007	0.975	0.820	1.543	0.693	0.387
	2016	0.990	0.459	0.464	0.278	0.911	0.893	0.795	1.427	0.704	0.481
	2017	1.008	0.537	0.465	0.268	0.891	1.005	0.856	1.486	0.749	0.088
360 印度尼西亚	1995	1.114	0.381	2.767	4.602	5.632	0.348	1.409	0.211	1.350	0.033
	2005	1.041	0.499	3.302	2.250	15.819	0.494	1.207	0.415	1.037	0.066
	2015	1.226	0.856	2.464	2.260	24.847	0.510	1.086	0.360	1.070	0.165
	2016	1.262	0.893	2.452	2.923	24.461	0.548	1.079	0.352	1.107	0.181
	2017	1.136	0.853	2.499	2.341	23.637	0.497	1.045	0.339	1.020	0.252

续表

RCA		SITC0	SITC1	SITC2	SITC3	SITC4	SITC5	SITC6	SITC7	SITC8	SITC9
国家及代码	年份	食品及活动物	饮料及烟酒	非食用原料	矿物燃料、润滑油及有关原料	动植物油脂及蜡	化学成品及有关产品	按原料分类的制成品	机械运输设备	杂项制品	未分类的商品
376以色列	1995	0.705	0.180	0.668	0.004	0.011	1.526	2.271	0.672	0.868	0.788
	2005	0.464	0.057	0.434	0.005	0.027	1.393	3.080	0.476	0.633	3.392
	2015	0.419	0.090	0.374	0.078	0.110	2.156	2.616	0.787	0.664	0.179
	2016	0.419	0.090	0.392	0.210	0.094	2.035	2.465	0.691	0.731	0.331
	2017	0.435	0.101	0.381	0.154	0.086	2.252	2.342	0.704	0.964	0.015
398哈萨克斯坦	1995	1.356	0.196	1.859	4.538	0.084	1.070	2.475	0.149	0.082	0.000
	2005	0.428	0.199	2.110	5.698	0.081	0.179	1.200	0.031	0.019	0.190
	2015	0.586	0.404	1.497	6.640	0.192	0.586	1.122	0.036	0.042	0.083
	2016	0.725	0.475	1.781	9.204	0.260	0.540	1.417	0.046	0.102	0.016
	2017	0.572	0.311	1.858	6.803	0.326	0.379	1.501	0.034	0.026	0.009
400约旦	1995	1.326	0.196	1.869	4.538	0.084	1.070	2.475	0.149	0.082	0.000
	2005	0.100	0.361	0.527	6.460	0.069	0.007	0.091	0.011	8.267	0.101
	2015	1.651	2.180	1.882	1.038	1.989	0.871	1.736	0.558	1.069	0.683
	2016	4.557	0.219	1.310	2.835	0.018	0.010	0.629	0.133	1.123	0.171
	2017	1.136	0.853	2.499	2.341	23.637	0.497	1.045	0.339	1.020	0.252

资料来源：根据 UN Comtrade 数据库计算得出。

总体来看，“一带一路”沿线主要国家的 RCA 指数比较，中国（156）与捷克（203）出口比较优势较为相似，尤其是在 SITC6、SITC7 和 SITC8 上具有较强的比较优势，中国的十大类产品中，初级产品 SITC0 ~ SITC4 大类在 1995 年以前有一定优势，但 20 多年来比较优势逐渐下降，SITC7 机械运输设备类产品由比较劣势向比较优势转变（张鸿，2006，2010）。捷克（203）在 SITC6 和 SITC7 一直处于比较优势状态，而 SITC8 大类产品由比较劣势转向比较优势，SITC2 大类产品由比较优势转为比较劣势。巴林（48）在 SITC3 和 SITC6 大类产品上有比较优势，SITC4 大类产品由比较优势转为比较劣势。克罗地亚（191）和爱沙尼亚（233）在 SITC0 ~ SITC3、SITC6、SITC8 大类产品上都有比较优势。匈牙利（348）在 SITC0、SITC5 和 SITC7 大类产品上有比较优势，而在 SITC1、SITC2、SITC6、SITC8 大类产品上由比较优势转为比较劣势。印度尼西亚（360）在 SITC0、SITC2、SITC3、SITC4、SITC6、SITC8 大类产品上有比较优势，以色列（376）在 SITC5 和 SITC6 上有比较优势。哈萨克斯坦（398）在SITC2、SITC3和SITC6上有比较优势，但在SITC0和SITC5上由比较优势转为比较劣势。约旦（400）在SITC0、SITC2、SITC3、SITC4、SITC6、SITC8上有比较优势。吉尔吉斯斯坦（417）在SITC0~SITC2上有比较优势，在SITC3、SITC5、SITC6上由比较优势转为比较劣势，在SITC9上向比较优势转变。拉脱维亚（428）在SITC0、SITC1、SITC2、SITC6上有比较优势，而SITC8大类向比较劣势转变，SITC9则由比较劣势向比较优势转变。立陶宛（440）在SITC0、SITC2、SITC3、SITC8上有比较优势，而SITC6由比较优势转为比较劣势。马来西亚（458）在SITC3、SITC4、SITC7上有比较优势，尤其在SITC4上具有较强比较优势，而SITC2由比较优势转为比较劣势。

马尔代夫（462）在SITC0上有比较优势，而SITC3由比较优势转为比较劣势。摩尔多瓦（498）在SITC0~SITC2、SITC4上有比较优势，而SITC8向比较优势转变。阿曼（512）在SITC3上有比较优势，SITC4和SITC9由比较劣势向比较优势转变，但SITC1由比较优势转为比较劣势。巴基斯坦（586）在SITC0、SITC6和SITC8上有比较优势，SITC6向比较优势转变，而SITC2转为比较劣势。菲律宾（608）在SITC4上有比较优势，SITC2和SITC7由比较劣势向比较优势转变，而SITC0、SITC8、SITC9由比较优势转为比较劣势。波兰（616）在SITC0、SITC6和SITC8上有比较优势，SITC1、SITC7由比较劣势向比较优势转变，但SITC2和SITC3大类转为比较劣势。罗马尼亚（642）在SITC6和SITC8上有比较优势，SITC0~SITC2、SITC7由比较劣势向比较优势转变，但SITC3~SITC5大类由比较优势转为比较劣势。印度（699）在SITC0~SITC2、SITC4、SITC6、SITC8上有比较优势，SITC3和SITC5向比较优势转变。新加坡（702）在SITC3和SITC7上有比较优势，SITC1、SITC5和SITC9向比较优势转变。斯洛伐克（703）在SITC6上有比较优势，SITC7向比较优势转变，而SITC2、SITC5和SITC8大类由比较优势转为比较劣势。土耳其（792）在SITC0、SITC1、SITC4、SITC6、SITC8上有比较优势，SITC9由比较劣势向比较优势转变。马其顿（807）在SITC0~SITC2、SITC6和SITC8大类上有比较优势，SITC5向比较优势转变。埃及（818）在SITC0、SITC2、SITC3、SITC6上有比较优势，SITC4、SITC5、SITC9向比较优势转变。

对于RCA指标，不同时期某一种产品会处于比较优势大于1或小于1两种状态，为了进一步分析清楚产品之间这种结构转换，结合产品空间理论加入时间维度，按照产品空间中某一种产品变化过程，可以划分为四种状态（邓向荣，2016）。当RCA大于1时，该产品具有比较优势，当RCA小于1时，则该产品不具备比较优势，即比较劣势。如果只考虑（$t-1$）期和t期，用RCA1表示（$t-1$）

期，用 RCA2 表示 t 期，则每种产品的变化过程有四种状态，如表 5.2 所示。当 RCA1 < 1 且 RCA2 < 1 时，该产品一直为比较劣势状态，当 RCA1 > 1 且 RCA2 > 1 时，则该产品一直处于比较优势状态，RCA1 < 1 且 RCA2 > 1 为该产品由比较劣势转为比较优势，RCA1 > 1 且 RCA2 < 1 为该产品由比较优势转为比较劣势。表 5.3 为"一带一路"沿线主要国家产品显示性比较优势（RCA）动态变化。

表 5.2 产品状态

产品状态	（t－1）期	t 期	描述
状态 1	RCA < 1，x = 0	RCA < 1，x = 0	产品未升级
状态 2	RCA < 1，x = 0	RCA > 1，x = 1	产品升级成功
状态 3	RCA > 1，x = 1	RCA < 1，x = 0	产品失势
状态 4	RCA > 1，x = 1	RCA > 1，x = 1	继续保持产品优势

表 5.3 "一带一路"沿线主要国家产品显示性比较优势动态变化（SITC－1 位码）

<table>
<tr><th>编码</th><th>状态</th><th>国家</th></tr>
<tr><td rowspan="4">SITC0</td><td>RCA1 < 1
RCA2 < 1</td><td>中国、阿塞拜疆、巴林、捷克、匈牙利、以色列、科威特、马来西亚、蒙古、阿曼、菲律宾、卡塔尔、罗马尼亚、俄罗斯、沙特阿拉伯、新加坡、斯洛伐克、斯洛文尼亚（18 国）</td></tr>
<tr><td>RCA1 > 1
RCA2 > 1</td><td>保加利亚、克罗地亚、爱沙尼亚、格鲁吉亚、印度尼西亚、吉尔吉斯斯坦、拉脱维亚、立陶宛、马尔代夫、摩尔多瓦、巴基斯坦、波兰、印度、泰国、土耳其、埃及（16 国）</td></tr>
<tr><td>RCA1 < 1
RCA2 > 1</td><td>阿尔巴尼亚（1 国）</td></tr>
<tr><td>RCA1 > 1
RCA2 < 1</td><td>哈萨克斯坦、马其顿（2 国）</td></tr>
<tr><td rowspan="4">SITC1</td><td>RCA1 < 1
RCA2 < 1</td><td>中国、巴林、捷克、印度尼西亚、以色列、哈萨克斯坦、科威特、马来西亚、马尔代夫、蒙古、巴基斯坦、菲律宾、卡塔尔、俄罗斯、沙特阿拉伯、印度、斯洛伐克、斯洛文尼亚、泰国、埃及（20 国）</td></tr>
<tr><td>RCA1 > 1
RCA2 > 1</td><td>保加利亚、克罗地亚、格鲁吉亚、吉尔吉斯斯坦、摩尔多瓦、马其顿（6 国）</td></tr>
<tr><td>RCA1 < 1
RCA2 > 1</td><td>爱沙尼亚、约旦、立陶宛、波兰、罗马尼亚、新加坡（6 国）</td></tr>
<tr><td>RCA1 > 1
RCA2 < 1</td><td>阿尔巴尼亚、阿塞拜疆、匈牙利、阿曼、土耳其（5 国）</td></tr>
</table>

续表

编码	状态	国家
SITC2	RCA1 <1 RCA2 <1	中国、以色列、科威特、马尔代夫、阿曼、菲律宾、波兰、卡塔尔、沙特阿拉伯、新加坡、土耳其（11 国）
	RCA1 >1 RCA2 >1	阿尔巴尼亚、保加利亚、克罗地亚、爱沙尼亚、格鲁吉亚、印度尼西亚、哈萨克斯坦、吉尔吉斯斯坦、拉脱维亚、立陶宛、蒙古、俄罗斯、泰国、马其顿（14 国）
	RCA1 <1 RCA2 >1	巴林、摩尔多瓦、斯洛文尼亚（3 国）
	RCA1 >1 RCA2 <1	阿塞拜疆、捷克、匈牙利、马来西亚、巴基斯坦、罗马尼亚、印度、斯洛伐克、埃及（9 国）
SITC3	RCA1 <1 RCA2 <1	中国、保加利亚、捷克、匈牙利、以色列、拉脱维亚、马尔代夫、摩尔多瓦、巴基斯坦、菲律宾、波兰、斯洛伐克、斯洛文尼亚、泰国、土耳其、马其顿（16 国）
	RCA1 >1 RCA2 >1	阿塞拜疆、印度尼西亚、哈萨克斯坦、科威特、立陶宛、阿曼、卡塔尔、俄罗斯、沙特阿拉伯、埃及（10 国）
	RCA1 <1 RCA2 >1	阿尔巴尼亚、巴林、马来西亚、蒙古、印度、新加坡（6 国）
	RCA1 >1 RCA2 <1	克罗地亚、爱沙尼亚、格鲁吉亚、吉尔吉斯斯坦、罗马尼亚（5 国）
SITC4	RCA1 <1 RCA2 <1	中国、克罗地亚、捷克、爱沙尼亚、格鲁吉亚、匈牙利、以色列、哈萨克斯坦、科威特、吉尔吉斯斯坦、拉脱维亚、立陶宛、马尔代夫、蒙古、波兰、卡塔尔、沙特、新加坡、斯洛伐克、斯洛文尼亚、泰国、马其顿（22 国）
	RCA1 >1 RCA2 >1	印度尼西亚、马来西亚、菲律宾、土耳其（4 国）
	RCA1 <1 RCA2 >1	保加利亚、摩尔多瓦、阿曼、俄罗斯、埃及（5 国）
	RCA1 >1 RCA2 <1	阿尔巴尼亚、阿塞拜疆、巴林、巴基斯坦、罗马尼亚、印度（6 国）
SITC5	RCA1 <1 RCA2 <1	中国、阿尔巴尼亚、阿塞拜疆、捷克、印度尼西亚、哈萨克斯坦、科威特、拉脱维亚、马来西亚、马尔代夫、蒙古、摩尔多瓦、阿曼、巴基斯坦、菲律宾、波兰、卡塔尔、俄罗斯、沙特阿拉伯、泰国、土耳其（21 国）
	RCA1 >1 RCA2 >1	以色列、斯洛文尼亚（2 国）
	RCA1 <1 RCA2 >1	克罗地亚、立陶宛、印度、新加坡、马其顿、埃及（6 国）

续表

编码	状态	国家
SITC5	RCA1 >1 RCA2 <1	巴林、保加利亚、爱沙尼亚、格鲁吉亚、匈牙利、吉尔吉斯斯坦、罗马尼亚、斯洛伐克（8国）
SITC6	RCA1 <1 RCA2 <1	阿塞拜疆、科威特、吉尔吉斯斯坦、立陶宛、马来西亚、马尔代夫、蒙古、阿曼、菲律宾、卡塔尔、沙特阿拉伯、新加坡、泰国（13国）
	RCA1 >1 RCA2 >1	中国、保加利亚、捷克、以色列、哈萨克斯坦、拉脱维亚、巴基斯坦、波兰、罗马尼亚、俄罗斯、印度、斯洛伐克、斯洛文尼亚、土耳其、马其顿（15国）
	RCA1 <1 RCA2 >1	阿尔巴尼亚、巴林、克罗地亚、埃及（4国）
	RCA1 >1 RCA2 <1	爱沙尼亚、格鲁吉亚、匈牙利、印度尼西亚、摩尔多瓦（5国）
SITC7	RCA1 <1 RCA2 <1	阿尔巴尼亚、阿塞拜疆、巴林、保加利亚、克罗地亚、爱沙尼亚、格鲁吉亚、印度尼西亚、以色列、哈萨克斯坦、科威特、吉尔吉斯斯坦、拉脱维亚、立陶宛、马尔代夫、蒙古、摩尔多瓦、阿曼、巴基斯坦、俄罗斯、沙特阿拉伯、印度、土耳其、马其顿、埃及（25国）
	RCA1 >1 RCA2 >1	马来西亚、菲律宾（2国）
	RCA1 <1 RCA2 >1	中国、捷克、匈牙利、罗马尼亚、新加坡、斯洛伐克、泰国（7国）
	RCA1 >1 RCA2 <1	波兰、卡塔尔、斯洛文尼亚（3国）
SITC8	RCA1 <1 RCA2 <1	阿塞拜疆、巴林、格鲁吉亚、以色列、哈萨克斯坦、科威特、吉尔吉斯斯坦、马来西亚、蒙古、阿曼、卡塔尔、俄罗斯、沙特、新加坡、埃及（15国）
	RCA1 >1 RCA2 >1	中国、阿尔巴尼亚、克罗地亚、爱沙尼亚、印度尼西亚、立陶宛、巴基斯坦、波兰、罗马尼亚、印度、土耳其、马其顿（12国）
	RCA1 <1 RCA2 >1	摩尔多瓦（1国）
	RCA1 >1 RCA2 <1	保加利亚、捷克、匈牙利、拉脱维亚、马尔代夫、菲律宾、斯洛伐克、斯洛文尼亚、泰国（9国）

续表

编码	状态	国家
SITC9	RCA1 < 1 RCA2 < 1	中国、阿尔巴尼亚、阿塞拜疆、巴林、保加利亚、克罗地亚、捷克、印度尼西亚、拉脱维亚、立陶宛、马来西亚、马尔代夫、摩尔多瓦、巴基斯坦、菲律宾、波兰、罗马尼亚、沙特阿拉伯、印度、斯洛伐克、斯洛文尼亚、泰国、土耳其、马其顿（24 国）
	RCA1 > 1 RCA2 > 1	俄罗斯（1 国）
	RCA1 < 1 RCA2 > 1	吉尔吉斯斯坦、蒙古、阿曼、卡塔尔、埃及（5 国）
	RCA1 > 1 RCA2 < 1	爱沙尼亚、格鲁吉亚、匈牙利、以色列、哈萨克斯坦、科威特、新加坡（7 国）

资料来源：根据 UN Comtrade 数据库计算得出。

根据《联合国商品贸易统计数据库》（UN Comtrade）中“一带一路”沿线国家的出口额数据计算各国 RCA 指数。为了反映出“一带一路”沿线国家SITC－1位码商品比较优势动态变化过程（蒋德恩，2006），以 1995 年为起始年，每隔 10 年验证 RCA 的变化趋势，即 1995 年、2005 年、2015 年和最近的 2017 年各大类产品 RCA 动态变化进行对比，从表 5.3 可以看出，各大类产品的变化趋势如下：

（1）食品及活动物（SITC0）。三大时间段以及 2017 年比较优势指数都大于 1 的国家有克罗地亚、爱沙尼亚、匈牙利、印度尼西亚、约旦、吉尔吉斯斯坦、拉脱维亚、立陶宛、马尔代夫、摩尔多瓦、巴基斯坦、菲律宾、波兰、印度、土耳其、马其顿和埃及。尤其是马尔代夫，RCA 指数分别达到 10.4、13.0、15.4 和 14.9，摩尔多瓦分别为 5.6、3.5、3.8 和 3.7，说明有 18 个国家在 SITC0 产品上一直具有比较优势，由比较劣势转为比较优势的国家是阿尔巴尼亚，而由比较优势转为比较劣势的国家有哈萨克斯坦和北马其顿。

（2）饮料及烟酒（SITC1）。到 2017 年 RCA 指数大于 1 的国家有 6 个，分别为克罗地亚、吉尔吉斯斯坦、拉脱维亚、摩尔多瓦、土耳其和马其顿，尤其是吉尔吉斯斯坦和摩尔多瓦 RCA 指数较高。比较劣势转为比较优势的国家有 6 个，分别为爱沙尼亚、约旦、立陶宛、波兰、罗马尼亚和新加坡，而由比较优势转变为比较劣势的国家有匈牙利和阿曼。

（3）非食用原料（燃料除外）（SITC2）。RCA 指数大于 1 的国家有克罗地亚、爱沙尼亚、印度尼西亚、哈萨克斯坦、约旦、吉尔吉斯斯坦、拉脱维亚、立陶宛、摩尔多瓦、印度、马其顿和埃及。由比较劣势转为比较优势的国家有菲律宾和罗马尼亚，而 SITC2 由比较优势转变为比较劣势的国家有匈牙利、马来西亚、巴基斯坦、波兰和斯洛伐克。

（4）矿物燃料、润滑油及有关原料（SITC3）。RCA 指数大于 1 的国家有巴林、克罗地亚、印度尼西亚、哈萨克斯坦、立陶宛、马来西亚、阿曼、新加坡和埃及。由比较劣势转为比较优势的国家仅有印度。而 SITC3 由比较优势转变为比较劣势的国家有吉尔吉斯斯坦、波兰、罗马尼亚，其中爱沙尼亚和马尔代夫 RCA 指数有小幅波动。

（5）动植物油脂及蜡（SITC4）。RCA 指数大于 1 的国家有印度尼西亚、马来西亚、摩尔多瓦、菲律宾和土耳其，尤其是印度尼西亚在 SITC4 上具有显著的比较优势，RCA 指数分别达到 5.6、15.8、24.5 和 23.64，马来西亚分别达到 12.6、12.4、12.6 和 11.4。由比较劣势转为比较优势的国家是阿曼和埃及。而 SITC4 由比较优势转变为比较劣势的国家有巴林、约旦、罗马尼亚和印度。

（6）化学成品及有关产品（SITC5）。RCA 指数大于 1 的国家有以色列和约旦，由比较劣势转为比较优势的国家有印度、新加坡、马其顿和埃及。而 SITC5 由比较优势转变为比较劣势的国家有捷克、匈牙利、哈萨克斯坦、吉尔吉斯斯坦、罗马尼亚和斯洛伐克。

（7）按原料分类的制成品（SITC6）。RCA 指数大于 1 的国家有中国、巴林、捷克、爱沙尼亚、印度尼西亚、以色列、哈萨克斯坦、拉脱维亚、巴基斯坦、波兰、罗马尼亚、印度、斯洛伐克、土耳其、马其顿和埃及。由比较劣势转为比较优势的国家为克罗地亚，而 SITC6 由比较优势转变为比较劣势的国家有匈牙利、吉尔吉斯斯坦和立陶宛。

（8）机械运输设备（SITC7）。RCA 指数大于 1 的国家有马来西亚和新加坡，由比较劣势转为比较优势的国家有中国、捷克、匈牙利、菲律宾、波兰、罗马尼亚和斯洛伐克。

（9）杂项制品（SITC8）。RCA 指数大于 1 的国家有中国、克罗地亚、捷克、爱沙尼亚、印度尼西亚、立陶宛、巴基斯坦、波兰、罗马尼亚、印度、土耳其和马其顿。由比较劣势转为比较优势的国家有约旦和摩尔多瓦，而 SITC8 由比较优势转变为比较劣势的国家有匈牙利、拉脱维亚、菲律宾和斯洛伐克。

（10）未分类的商品（SITC9）。由比较劣势转为比较优势的国家有爱沙尼亚、吉尔吉斯斯坦、拉脱维亚、阿曼、新加坡、土耳其和埃及，波动的国家是以色列。

综上分析，主要出口初级产品的国家有巴林、克罗地亚、爱沙尼亚、哈萨克斯坦、约旦、菲律宾、印度、印度尼西亚、吉尔吉斯斯坦、拉脱维亚、立陶宛、土耳其、马其顿、埃及。主要出口工业制品的国家有10个，分别为中国、捷克、以色列、波兰、爱沙尼亚、巴基斯坦、罗马尼亚、印度、土耳其和马其顿，而以色列、新加坡和斯洛伐克偏向于工业制品出口。

图5.2和图5.3为1995年和2017年“一带一路”沿线主要国家RCA指数对比变化，20多年以来，各国RCA指数变化明显，有些国家比较优势产品依然存在，比如498（摩尔多瓦）在SITC1饮料及烟酒上具有很强的比较优势，RCA高达26.2，到2017年降至9.4，虽然下降明显但依然具有很强的竞争力，该国在SITC0食品及活动物、SITC2非食用原料产品和SITC4动植物油脂及蜡产品上也具有较高的比较优势，说明该国在出口初级产品上具有显著的比较优势（孙致陆、李先德，2015）。变化较大的还有400（约旦），尤其是在SITC4动植物油脂及蜡产品上，1995年RCA指数高达22.7，2017年则下降至0.11，该类产品的比较优势已不存在，但在SITC0~SITC2产品上仍然具有一定竞争力。512（阿曼）在SITC3矿物燃料、润滑油及有关原料产品上具有很强的比较优势，该指数由14.3下降至9.6，仍具备很强的比较优势。608（菲律宾）SITC4动植物油脂及蜡产品RCA指数由8.9下降至3.9，而458（马来西亚）SITC4动植物油脂及蜡产品指数一直保持在12以上，大部分东南亚国家基本保持住了本国比较优势产品，虽然有些国家有所下降，但依然具有很强的竞争性，一个国家比较优势很大程度上依赖于本国的资源禀赋。

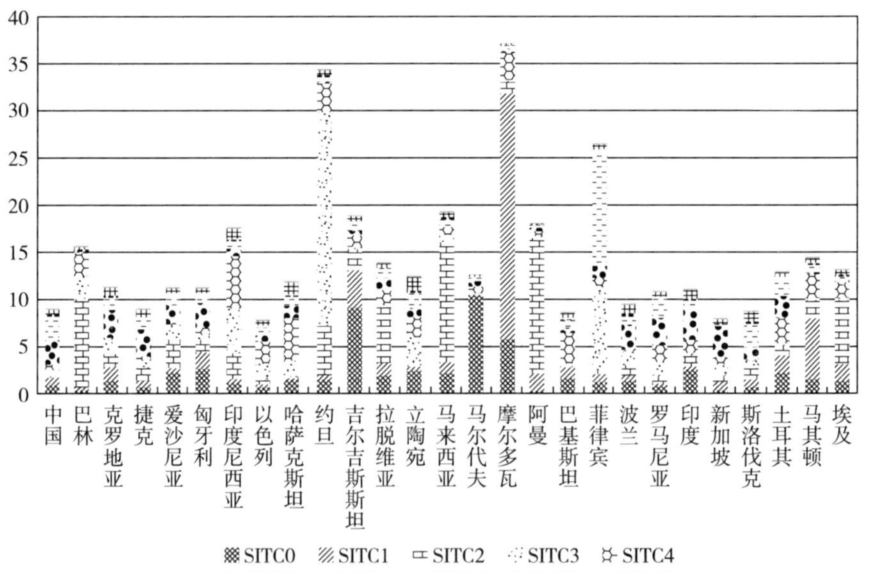

图5.2 1995年“一带一路”沿线主要国家RCA指数对比

资料来源：根据UN Comtrade数据库计算得出。

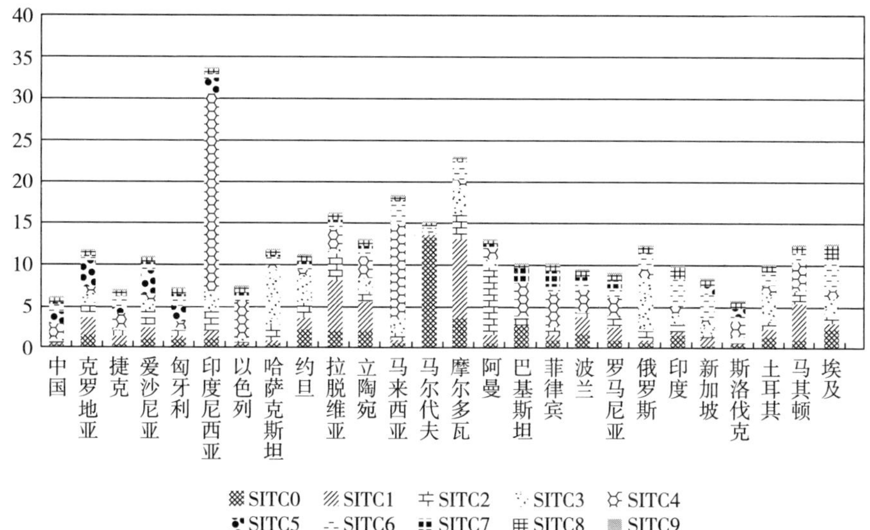

图5.3 2017年"一带一路"沿线主要国家RCA指数对比

资料来源：根据UN Comtrade数据库计算得出。

产品比较优势一直保持稳定的国家，比如1995年48（巴林）SITC3矿物燃料、润滑油及有关原料产品的RCA指数为9.5，2017年虽降至7.1，但依然具有很强的竞争优势，但其SITC4动植物油脂及蜡产品由9.5下降至0，该类产品已没有竞争性，而SITC2非食用原料产品由0.1变为2.1，由不具备比较优势产品发展成较强的竞争优势产品。对于中国的RCA变化也很明显，1995年主要出口RCA大于1的产品只有SITC6按原料分类的制成品和SITC8杂项制品，初级产品SITC0～SITC4接近于1，但到2017年SITC6按原料分类的制成品、SITC7机械运输设备和SITC8杂项制品产品的RCA指数均大于1，初级产品RCA指数均在0.5以下，比较优势下降。

有些国家产品比较优势指数波动较大，比如48（巴林）SITC2非食用原料产品比较优势指数由1995年的0.3上升到2017年的1.8，SITC3矿物燃料、润滑油及有关原料产品的RCA指数由不具备比较优势上升到2017年的4.7，这两大类产品从不具备比较优势产品发展成具有较强竞争优势的产品，但其SITC4动植物油脂及蜡产品，在20年间比较优势指数由5.6下降至0，巴林在该类产品上已无竞争性。

中国出口产品比较优势指数变化也很明显（马建全、宋文玲，2010），初级产品 SITC0～SITC4 一直处于比较劣势状态且呈逐年下降趋势，工业制成品 SITC6 和 SITC8 类产品一直具有较强的比较优势，而 SITC7 机械运输设备则从 2003 年开始由比较劣势上升为比较优势产品并一直保持稳定状态，中国目前在 SITC6、SITC7 和 SITC8 类产品上具有较强的比较优势。总体上看，1996～2017 年中国十大类出口产品结构发生了巨大变化，由出口初级产品向工业制成品转变，初级产品出口不断减少，其中又以 SITC4 出口下降最快，SITC5 和 SITC6 稳步增长。由于受 2015 年以来国际市场经济低迷和汇率波动等影响，2015 年和 2016 年中国工业制成品出口有下降趋势，也说明中国进入了出口产品结构调整时期。传统初级产品已不具备出口比较优势，为了适应市场经济发展要求及国际市场需求，必须对出口产品结构进行调整（张小蒂、李晓钟，2001），以质取胜和提高产品技术含量，积极发现潜在比较优势产品以应对复杂多变的国际市场（沈国兵，2012），2017 年和 2018 年中国对外贸易恢复并快速增长，进出口贸易达到历史最高水平，进出口商品结构得到进一步优化。

5.1.2 产品邻近性与中心度计算

产品邻近性即产品相似性，计算公式是通过两种产品联合概率中取最小值得出。因此该值范围在 0 和 1 之间，当该值趋于 0 时表示这两种产品相似性越低，距离越远，邻近性越小，趋于 1 时则表明两种产品相似性越高，距离越近，邻近性越大。计算得出两两产品之间的邻近程度，该指标计算结果为对称矩阵。

表 5.4 是根据邻近性公式计算的 2017 年“一带一路”沿线主要国家按 SITC 分类的 1 位码产品的邻近性矩阵。通过两类产品对比，食品及活动物（SITC0）与饮料及烟酒（SITC1）邻近性为 0.556，与非食用原料（SITC2）邻近性为 0.611，与按原料分类的制成品（SITC6）邻近性为 0.571，与杂项制品（SITC8）邻近性为 0.667，食品及活动物（SITC0）相比其他大类产品，与这四类产品的邻近性最大，即距离最近，相似性最高。在产品空间表现为邻近性，说明食品及活动物（SITC0）与这些产品在生产结构、生产投入和技术水平等方面有一定相似性，而与机械运输设备（SITC7）邻近性最低，为 0.111、与化学成品及有关产品（SITC5）邻近性为 0.333、与未分类的商品（SITC9）邻近性为 0.222、与动植物油脂及蜡（SITC4）邻近性为 0.278，也就是说食品及活动物（SITC0）与这些产品距离较远，尤其是与机械运输设备（SITC7）的距离最远，也就是这两大类产品差异最大，故与两大类产品相关的要素投入和生产结构等相差最大。通过邻近性矩阵可以比较不同产品的邻近性，对于企业决定从事何种产品生产和生产结构转换有一定参考。

表5.4 2017年"一带一路"沿线主要国家产品邻近程度（$\varphi_{i,j}$）矩阵（SITC-1位码）

编码	产品名称	SITC0	SITC1	SITC2	SITC3	SITC4	SITC5	SITC6	SITC7	SITC8	SITC9
0	食品及活动物	—	0.556	0.611	0.389	0.278	0.333	0.571	0.111	0.667	0.222
1	饮料及烟酒	0.556	—	0.733	0.429	0.214	0.357	0.429	0.214	0.563	0.143
2	非食用原料	0.611	0.733	—	0.467	0.333	0.267	0.524	0.067	0.625	0.200
3	矿物燃料、润滑油及有关原料	0.389	0.429	0.467	—	0.385	0.385	0.381	0.154	0.375	0.308
4	动植物油脂及蜡	0.278	0.214	0.333	0.385	—	0.100	0.238	0.200	0.188	0.375
5	化学成品及有关产品	0.333	0.357	0.267	0.385	0.100	—	0.286	0.300	0.313	0.200
6	按原料分类的制成品	0.571	0.429	0.524	0.381	0.238	0.286	—	0.286	0.571	0.190
7	机械运输设备	0.111	0.214	0.067	0.154	0.200	0.300	0.286	—	0.250	0.100
8	杂项制品	0.667	0.563	0.625	0.375	0.188	0.313	0.571	0.250	—	0.188
9	未分类的商品	0.222	0.143	0.200	0.308	0.375	0.200	0.190	0.100	0.188	—

资料来源：通过邻近性公式计算得出。

中心度指标是比较不同种类产品之间的稀疏和紧密程度，该指标用来衡量某类产品与其他产品在产品空间上的分布情况，中心区域是以产品空间中最密集部分区域为中心，越往中心区域靠近说明产品中心度越高，该值也越大。若该产品分布于产品空间的中央区域，表明该产品与其他产品联系程度较高（紧密），若分布于产品空间边缘，则表明该产品与其他产品联系程度较低（稀疏）。该值越大，表明距离中心产品越近，产品间紧密程度越高，反之越疏远。中心度指标和邻近性指标主要根据产品本身属性和特征决定，因为产品本身是各种要素投入和技术等相关信息的载体，通过产品之间对比可以衡量出产品之间的联系程度和相似性程度，可以避免地区差异、资源分布以及生产要素投入等干扰。

根据第4章中心度计算公式（4.12），表5.5为"一带一路"沿线主要国家中心度分布。可以看出，1995～2017年"一带一路"沿线主要国家在SITC0、SITC1、SITC2、SITC6和SITC8大类产品上的中心度相对于其他产品要高，产品空间表现较为紧密，而与其他几类产品较为疏远，以2017年中心度为例，SITC0与SITC1、SITC2、SITC3、SITC6和SITC8的中心度值较大，说明这些产品距离中心区域较集中、较紧密，SITC4、SITC5和SITC7的中心度值较小，距离中心区域较疏远，产品中心度与产品的属性和特征有一定关系。为了详细分析各种产品空间分布情况，表5.6和表5.7分别对SITC－2位码产品的中心度进行分析。

表5.5 1995～2017年“一带一路”沿线主要国家中心度分布（SITC－1位码）

产品编码	产品名称	中心度						
		1995年	2000年	2005年	2010年	2015年	2016年	2017年
SITC0	食品及活动物	0.350	0.335	0.380	0.345	0.388	0.404	0.374
SITC1	饮料及烟酒	0.202	0.257	0.336	0.314	0.367	0.364	0.364
SITC2	非食用原料（燃料除外）	0.340	0.341	0.378	0.360	0.375	0.393	0.383
SITC3	矿物燃料、润滑油及有关原料	0.259	0.200	0.181	0.199	0.260	0.341	0.327
SITC4	动植物油脂及蜡	0.200	0.227	0.273	0.205	0.221	0.249	0.231
SITC5	化学成品及有关产品	0.210	0.236	0.147	0.143	0.181	0.200	0.254
SITC6	按原料分类的制成品	0.315	0.340	0.346	0.339	0.373	0.365	0.348
SITC7	机械运输设备	0.040	0.041	0.101	0.117	0.148	0.105	0.168
SITC8	杂项制品	0.291	0.323	0.355	0.307	0.322	0.361	0.374
SITC9	未分类的商品	0.022	0.135	0.183	0.115	0.138	0.206	0.193

资料来源：根据UN Comtrade数据库计算得出。

表5.6 1996年、2006年、2017年“一带一路”沿线主要国家产品空间最集中区域产品对比（SITC－2位码）

编码	1996年		编码	2006年		编码	2017年	
	产品名称	中心度		产品名称	中心度		产品名称	中心度
66	非金属矿物制品	0.331	69	金属制品	0.348	81	活动房屋及装置	0.370
85	鞋靴	0.329	82	家具零件及制品	0.340	82	家具零件及制品	0.364
09	杂项食品	0.323	63	软木及木制品	0.327	69	金属制品	0.362
63	软木及木制品	0.321	81	活动房屋及装置	0.320	55	香料及盥洗制品	0.353
82	家具零件及制品	0.315	04	谷物及制品	0.317	09	杂项食品	0.350
24	软木及木材	0.306	24	软木及木材	0.315	63	软木及木制品	0.348
81	活动房屋及装置	0.293	06	糖、糖制品及蜂蜜	0.314	61	皮革及制品	0.344
52	无机化学品	0.293	02	乳品及蛋品	0.301	62	橡胶制品	0.341
06	糖、糖制品及蜂蜜	0.289	66	非金属矿物制品	0.301	58	非初级形状塑料	0.339
65	纺纱织物及制品	0.288	64	纸及纸板及制品	0.299	12	烟草及其制品	0.333
67	钢铁	0.288	61	皮革及制品	0.297	56	制成肥料	0.332
05	蔬菜及水果	0.285	62	橡胶制品	0.295	68	有色金属	0.331

续表

编码	1996 年		编码	2006 年		编码	2017 年	
	产品名称	中心度		产品名称	中心度		产品名称	中心度
27	天然肥料及矿物	0.280	07	调味品及制品	0.293	66	非金属矿物制品	0.329
84	服装及衣着附件	0.277	89	杂项制品	0.291	65	纺纱织物及制品	0.329
69	金属制品	0.276	67	钢铁	0.291	64	纸及纸板及制品	0.328

资料来源：根据 UN Comtrade 数据库计算得出。

表 5.7 1996 年、2006 年、2017 年“一带一路”沿线主要国家产品空间最稀疏区域产品对比（SITC－2 位码）

编码	1996 年		编码	2006 年		编码	2017 年	
	产品名称	中心度		产品名称	中心度		产品名称	中心度
78	陆路车辆	0.143	75	办公用机械及自动数据处理设备	0.141	26	纺织纤维及废料	0.204
25	纸浆及废纸	0.143	23	生橡胶	0.141	59	其他化学原料	0.201
73	金工机械	0.141	57	初级形状塑料	0.141	29	其他动植物原料	0.199
79	其他运输设备	0.116	83	旅行用品类似品	0.124	41	动物油、脂	0.196
71	动力机械及设备	0.107	93	未分类商品（特种交易商品）	0.119	83	旅行用品类似品	0.196
59	其他化学原料	0.103	73	金工机械	0.118	72	特种工业用机械	0.195
88	摄影光学物品	0.099	96	未分类商品（非合法货币铸币）	0.116	93	未分类商品（特种交易商品）	0.195
41	动物油、脂	0.093	72	特种工业用机械	0.111	87	专业用仪器装置	0.194
75	办公用机械及自动数据处理设备	0.090	34	天然气及人造气	0.103	73	金工机械	0.181
34	天然气及人造气	0.072	51	有机化学品	0.101	28	金属矿砂及废料	0.169
87	专业用仪器装置	0.070	87	专业用仪器装置	0.072	32	煤焦炭及煤砖	0.148
72	特种工业用机械	0.069	88	摄影光学物品	0.068	51	有机化学品	0.144
74	通用工业机械设备及零件	0.069	41	动物油、脂	0.056	34	天然气及人造气	0.135
93	未分类商品（特种交易商品）	0.063	25	纸浆及废纸	0.050	88	摄影光学物品	0.113
97	未分类商品（非货币用黄金）	0.027	59	其他化学原料	0.024	25	纸浆及废纸	0.082

资料来源：根据 UN Comtrade 数据库计算得出。

表5.6和表5.7分别为1996年、2006年和2017年“一带一路”沿线主要国家按SITC标准分类的2位码产品的中心度分布情况。表5.6为产品空间最集中区域排名前15位产品分布情况，1996～2006年，总体上看，2006年产品中心度值比1996年的值高，说明2006年整体产品距离中心区域较近，产品之间联系程度较高（紧密）。其中，69金属制品，82家具零件及制品，63软木及木制品，81活动房屋及装置，24软木及木材，06糖、糖制品及蜂蜜，66非金属矿物制品，67钢铁产品依然分布于产品空间最集中区域，排名有所变化，大部分产品邻近度均有所提高，只有66非金属矿物制品由排名第一降为第九，邻近度由0.331降为0.301。1996～2006年，第6类和第8类商品中心度较高，其中，2006年在第SITC0类商品（食物及活动物）上中心度有大幅度提高，尤其是02乳品及蛋品，04谷物及制品，06糖、糖制品及蜂蜜，07调味品及制品上更加紧密。2006年与2017年中心度比较，总体上各种产品之间中心度不同程度地上升，与2006年相同产品排名有些变化，其中在2017年排名最高的81活动房屋及装置和82家具零件及制品的中心度分别为0.370和0.364，比2006年中心度均有大幅度提升，主要以第SITC6大类和第SITC8大类商品为主，其中第SITC6大类产品中心度排名靠前的最多也最集中，其他大类产品的中心度也有所提高，产品分布更呈大类集聚趋势（汤碧，2012）。总体上看，2017年“一带一路”沿线主要国家产品空间分布总体紧密度有所加强，相同种类产品也更加集中，这与2015年以来国际市场经济低迷和汇率波动等影响有关，也与“一带一路”沿线国家发挥本国产品比较优势以及专业化分工有一定联系。

表5.7是“一带一路”沿线主要国家产品空间中稀疏区域的15种产品按SITC－2位码分类对比情况，排名后15位商品的中心度值越小，距离中心产品越远，该产品与其他产品联系程度越低（稀疏），这些商品分布于产品空间边缘。总体上看，2017年中心度值较1996年和2006年值有所提高也较为集中，排名最低的值为0.082，比其他2年有所提高，表明最稀疏产品之间距离有缩小趋势，互相逐渐靠拢。1996～2006年，25纸浆及废纸，73金工机械，59其他化学原料，88摄影光学物品，41动物油、脂类产品中心度有所下降，产品之间也更加疏远，而75办公用机械及自动数据处理设备、34天然气及人造气、87专业用仪器装置、72特种工业用机械和93未分类商品（特种交易商品）类产品中心度有所提高，产品之间紧密加强。2006～2016年，83旅行用品类似品、93未分类商品（特种交易商品）、72特种工业用机械、73金工机械、34天然气及人造气、51有机化学品类产品中心度有所下降，产品之间较为稀疏，

而87专业用仪器装置，88摄影光学物品，41动物油、脂，25纸浆及废纸和59其他化学原料类产品中心度大幅度提高，产品之间更加紧密。2017年排名最后的15位商品中心度值比1996年和2006年高，说明稀疏程度较1996年有所提高。三个时间段中同时有25纸浆及废纸，41动物油、脂，59其他化学原料，72特种工业用机械，73金工机械，83旅行用品类似品，87专业用仪器装置，88摄影光学物品，93未分类商品（特种交易商品）共9种产品中心度值较小且一直排名靠后，这些商品主要集中在部分SITC7大类和SITC8大类商品中，2006~2017年，SITC2大类、SITC3大类和SITC4大类部分产品中心度排名也靠后。总体上看，20多年间稀疏产品种类分布逐渐增多，但产品疏远距离在缩小。由于“一带一路”沿线国家在基础设施、资源禀赋和生产技术等方面分布不同，产品稀疏程度差异较大。

5.1.3 产品密度计算

产品密度公式测量的是一种潜在产品与该国（地区）目前生产产品平均接近程度，围绕该产品周围所有产品具有的生产能力，$density_{i,c,t}$值越高，说明该产品周围分布越多开发成功的产品。$density_{i,c,t}$表示t年C国i产品密度，衡量各国（地区）某种出口产品与目前生产结构的接近程度。如果各国（地区）的某产品周围聚集较多比较优势产品，说明该产品与比较优势产品在生产结构上具备一定的相似性，该产品未来转换为邻近的比较优势产品的可能性就高，该产品转换为相邻的优势产品的潜力就越大，反之潜力越小。因此可以将反映该产品这种邻近性的衡量指标用产品密度表示。

首先定义两种产品类型，即转型产品（Transition Product）和非转型产品（Undeveloped Product）。转型产品（或潜在开发产品）表示t_1期比较优势指数小于0.5，t_2期比较优势指数大于1的产品，即$RCA_{i,c,t_1}<0.5$，$RCA_{i,c,t_2}>1$。非转型产品（或未开发产品）表示t_1期和t_2期比较优势均小于0.5的产品，即$RCA_{i,c,t_1}<0.5$，$RCA_{i,c,t_2}<0.5$。

为了比较不同时期两类产品的产品密度分布情况，做出1995年和2017年转型产品（已具备比较优势产品）与非转型产品（潜在优势产品）的产品密度直方图。由图5.4可知，转型产品（黑柱子）主要分布在密度较高的部分，说明转型产品周围主要集聚具有比较优势的产品，与其生产结构相似或接近，未来很有可能成为下一期的比较优势产品。而非转型产品（白柱子）分布较分散，绝大部分主要集聚在密度较低的部分，说明其生产结构与比较优势产品不相似或不接近，未来成为具备比较优势的产品可能性较低。

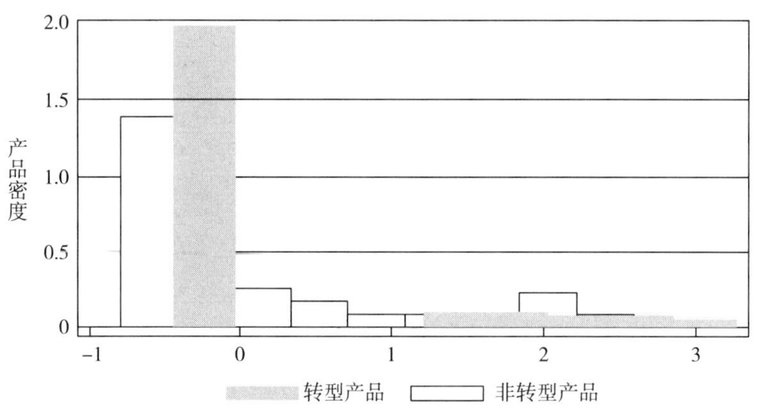

图 5.4 转型产品与非转型产品密度直方图

图 5.5 和图 5.6 为 1995 年和 2017 年中国出口产品显示性比较优势（RCA）指数的散点图。图中 Y 轴表示 SITC-2 位编码，原点是各种产品的比较优势指数分布情况。虚线为 RCA=1 时的临界线，虚线左边为比较劣势产品分布，右边为比较优势产品分布，越靠近左边表示 RCA 值越小，往右 RCA 指数则越大。从图 5.5 可以看出，20 多年来中国比较优势产品的发展变化，1995 年主要是 SITC6 和 SITC8 大类产品处于比较优势地位，其他大类产品在 RCA 等于 1 的分界线左边，SITC7 大类产品还处于比较劣势地位，农产品（00、01、03、05）和初级产品（11、12、26、27、29、32 等）以及粗初加工制成品（61、63、66、82、83、89 等）具有一定比较优势。从图 5.6 可以看出，2017 年主要以 SITC6、SITC7 和 SITC8 这三大类产品居于 RCA 分界线右边，而 SITC7 大类产品则由比较劣势产品转变为比较优势产品，SITC6 和 SITC8 大类产品依然处于比较优势地位，具体表现在部分 SITC5 大类（52、56）、SITC6 大类（62、63、65、67 等）、SITC7 大类（74、75、76、77）和 SITC8 大类全部产品处于比较优势地位，这些产品主要是工业制成品大类，而农产品中除了 03 还处于比较优势地位外，其他都转变为比较劣势产品，SITC2、SITC3 和 SITC4 大类产品大部分处于比较劣势地位。从 1995 年和 2017 年产品比较优势分布情况可以看出，中国比较优势产品逐渐由初级产品向工业制成品转变。

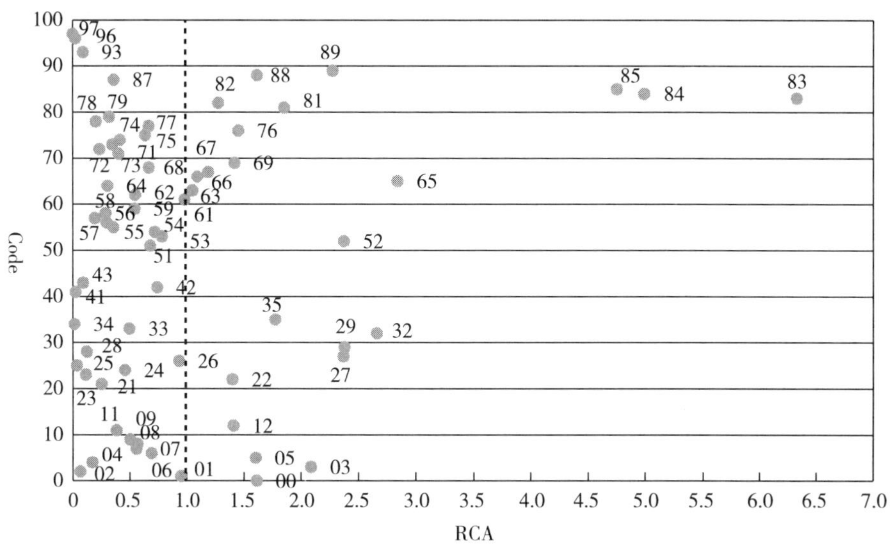

图 5.5 1995 年中国出口产品显示性比较优势（RCA）指数散点图（SITC－2 位码）

资料来源：根据 UN Comtrade 数据库计算得出。

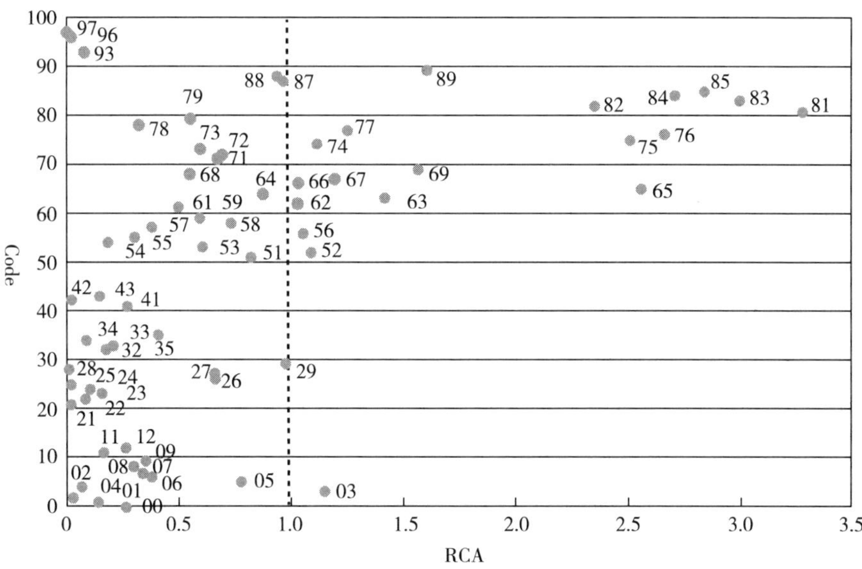

图 5.6 2017 年中国出口产品显示性比较优势（RCA）指数散点图（SITC－2 位码）

资料来源：根据 UN Comtrade 数据库计算得出。

5.2 构建贸易产品空间分布图

5.2.1 构建中国贸易产品密度分布图

为了更清晰地分析各大类产品密度分布，图5.7给出了中国1995年和2017年按SITC-1位码分类的十大类产品密度对比。产品密度值越大，说明周围集聚比较优势产品越多，该产品将来发展成比较优势产品的可能性越高（邸玉娜，2013；刘林青、邓艺林，2019）。根据计算出的中国SITC-1位码产品密度值作对比发现，20多年以来，出口产品密度变化最大的是SITC0食品及活动物、SITC1饮料及烟酒以及SITC7机械运输设备，产品密度越大，表明这三类产品周围聚集的比较优势产品越多，该产品将来成为比较优势产品可能性更高（王坤，2018）。1995年具有出口比较优势的是SITC6按原料分类的制成品（RCA为1.328）和SITC8杂项制品（RCA为2.838）两大类产品，其次是SITC0食品及活动物和SITC1饮料及烟酒两大类产品，直到2017年，SITC0食品及活动物和SITC1饮料及烟酒才逐渐不具备优势，SITC6按原料分类的制成品（RCA为1.291）和SITC8杂项制品（RCA为1.972）两大类产品一直处于比较优势状态，其中SITC7机械运输设备从2003年起，成为新的比较优势大类产品（2003年RCA为1.114，2017年RCA为1.274）。从历年RCA发展变化看，中国十大类产品比较优势从初级产品慢慢过渡到工业制成品上（文东伟、冼国明，2014），同时密切关注产品密度变化趋势，对辨别目前比较优势产品和潜在比较优势产品有一定帮助（赵瑞丽等，2017）。

图5.8是1995~2017年五年一期的中国按产品SITC-1位码进行分类的产品密度变化趋势。可以看出，中国出口十大类产品随着时间变化，产品密度变化各异，当前是比较优势产品可能继续保持优势，有的产品则变成了比较劣势产品，而潜在比较优势产品有可能成为下一个比较优势产品。总体上看，除了1995年与其他年份有较大差异，比如SITC7机械运输设备，1995年不具备比较优势，在2017年成为当前比较优势产品。其他年份走势类似，尤其是近3年来各类产品变化趋势基本相似，SITC2、SITC5和SITC7大类产品密度相对较高。

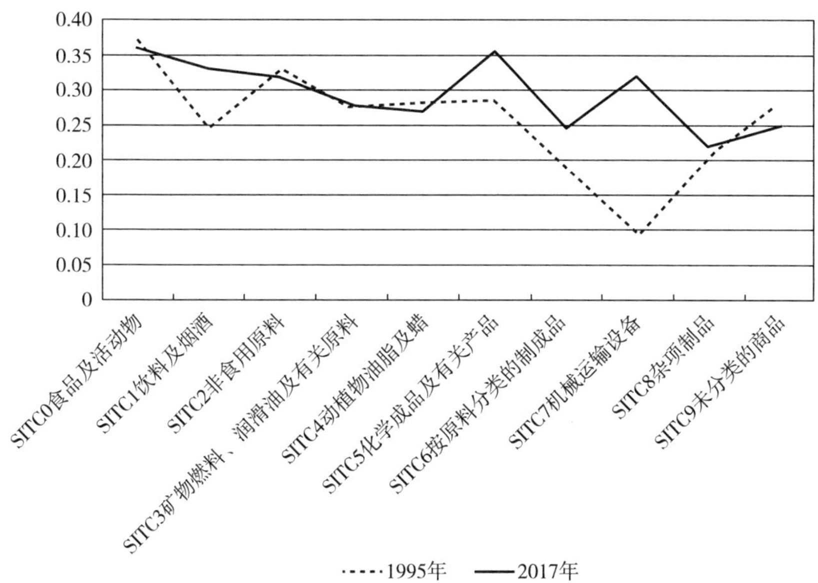

图 5.7 1995 年和 2017 年中国产品密度对比（SITC－1 位码）

资料来源：根据 UN Comtrade 数据库计算得出。

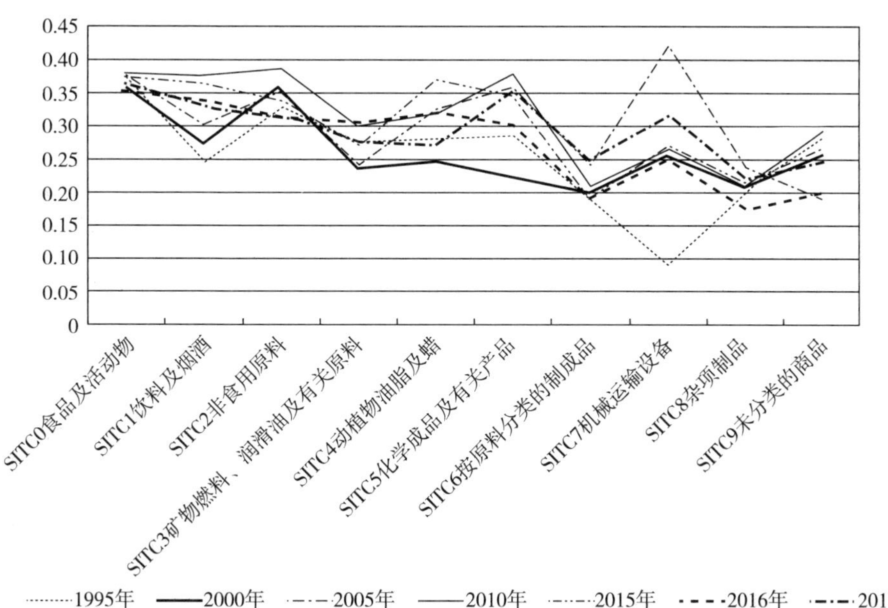

图 5.8 1995～2017 年中国出口产品密度变化趋势（SITC－1 位码）

资料来源：根据 UN Comtrade 数据库计算得出。

为了研究各大类产品 RCA 与产品密度关系，图5.9 给出了1995 年和2017 年中国十大类产品 RCA 与产品密度对比，发现产品 RCA 与产品密度变化趋势比较相似，比如 SITC7 机械运输设备在 1995 年不具备比较优势，其产品密度值较低，周围聚集比较优势产品也较少，2003 年以后该类产品转变为比较优势产品，并在以后各年一直处于比较优势状态，在 2017 年该类产品比较优势为 1.274，其产品密度值也相对较高，达到0.319，说明比较优势产品周围聚集了较多优势产品，对比这两个时间段发现，如果该类产品 RCA 值比较高，其产品密度也相对较高。还有 SITC6 和 SITC8 大类产品一直处于比较优势状态，其产品密度相对其他产品要高，但对于其他大类产品，SITC0 ~ SITC5 大类产品一直处于比较劣势地位，其对应的产品密度也很低。按 SITC 大类分类的产品对比看，产品 RCA 值与产品密度有一定关联，RCA 值变大，产品密度也随之变化，变化幅度虽然不是很大，但二者有一定的关联，具体在第 6 章进行分析。

为了对中国产品比较优势和产品密度之间关系有更直观的了解，将各年十大类产品的比较优势指数和产品密度值分别取均值，得出 1995 ~ 2017 年中国产品 RCA 均值与产品密度均值长期变化趋势，如图 5.10 所示。总体来说，产品 RCA 均值与产品密度均值变化趋势基本一致，这种变化主要分为两个阶段，1995 ~ 2003 年，中国出口产品具有比较优势的只有 SITC6 和 SITC8 大类产品，但是 SITC0 ~ SITC4 初级产品 RCA 值也较高，提高了 RCA 均值。2003 ~ 2017 年，SITC7 机械运输设备大类产品从 2003 年开始由比较劣势产品转为比较优势产品，且一致保持比较优势状态，而 SITC0 ~ SITC4 初级产品 RCA 值则开始下降，拉低了平均 RCA 值，2003 年以来，RCA 均值与产品密度均值发展趋势较为一致，体现出产品 RCA 与产品密度有一定关联。随着中国加入 WTO，扩大产品出口，以质取胜，调整出口产品结构和贸易政策（王国安、范昌子，2006），进一步实现了初级产品向工业制成品的转变。

对于中国出口产品密度分布，按照 SITC – 2 位码将 SITC0 ~ SITC9 大类产品细分为66 种产品，图 5.11 是 1995 年和 2017 年中国 SITC – 2 位码出口产品密度分布图。圆圈外围数据代表 SITC – 2 位码商品分类，虚线为 1995 年中国产品密度分布，实线为 2017 年产品密度分布。通过对比可以看出，两年的产品密度分布总体形状相似，1995 年大部分产品密度大于 2017 年产品密度，虚线在实线外围，只有少数产品 2017 年产品密度大于 1995 年，比如 64 纸及纸板及制品、71 动力机械及设备、73 金工机械、74 通用工业机械设备及零件、77 电力机械、器具及其电气零件、78 陆路车辆（包括气垫式）、87 专业仪器装置以及 93、96 和

97 未分类的商品的产品密度大于1995年的产品密度，说明2017年中国在工业制成品，尤其是在SITC7机械运输设备上产品密度高于1995年（郭将、赵景艳，2016），也就是说，SITC7大类产品目前具有比较优势，周围聚集当前比较优势产品较多，未来一直保持比较优势产品的可能性较大。

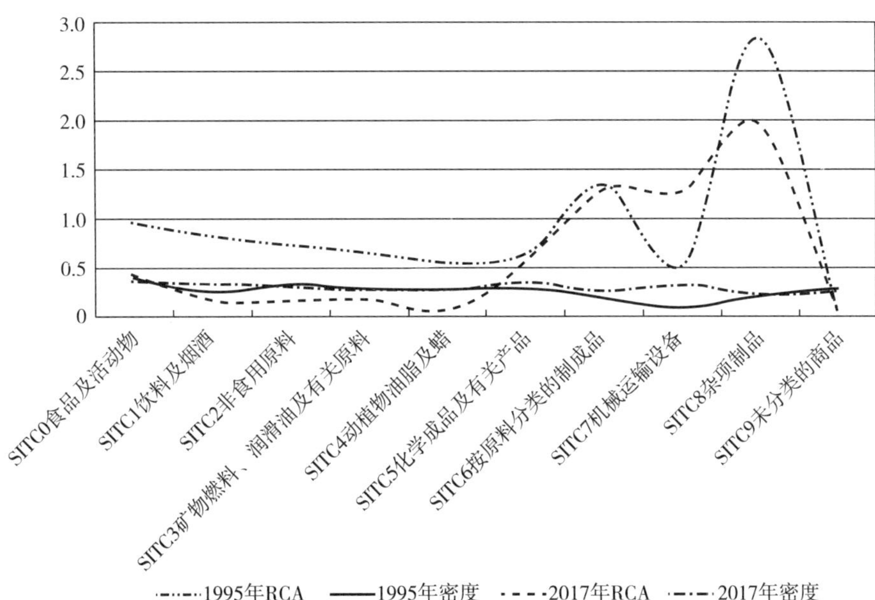

图5.9 1995年和2017年中国产品RCA与产品密度对比（SITC-1位码）

资料来源：根据UN Comtrade数据库计算得出。

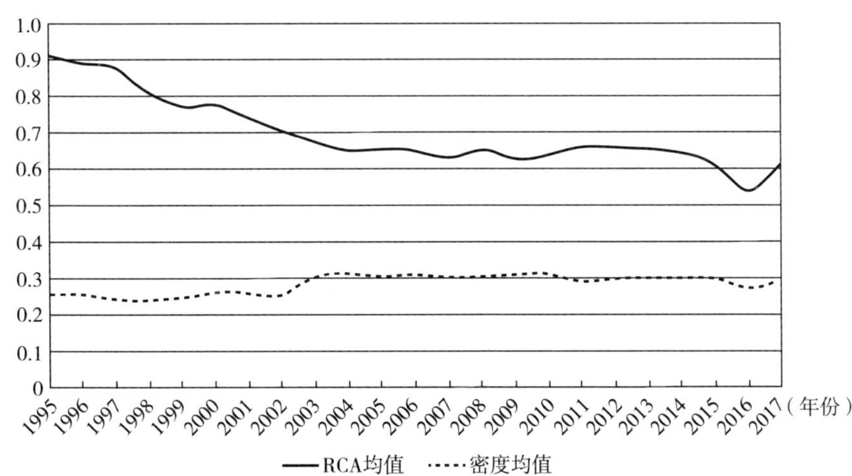

图5.10 1995~2017年中国产品RCA与产品密度均值变化趋势

资料来源：根据UN Comtrade数据库计算得出。

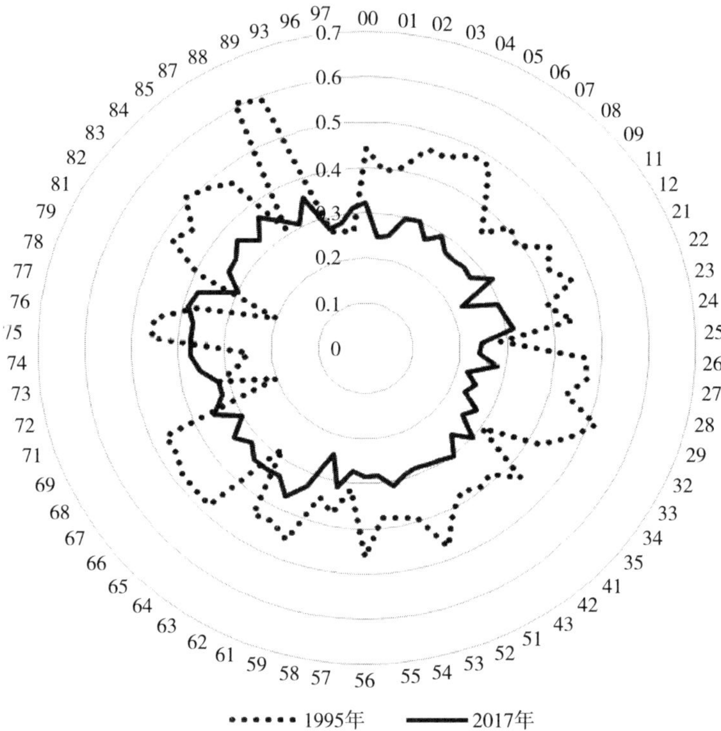

图 5.11　1995 年和 2017 年中国出口产品密度分布（SITC－2 位码）

资料来源：根据 UN Comtrade 数据库计算得出。

图 5.12 为 1995～2017 年 7 个时间段的中国 SITC－2 位码出口产品密度分布图，总体上看，从 1995 年到 2017 年产品密度逐年趋于集中，相似产品较为集中，产品之间距离不断缩小。其中 1995 年和 2000 年在 SITC0～SITC4 初级产品的密度较高，产品密度值在 0.3～0.4，说明在初级产品上集聚较多比较优势产品（刘重力、刘德江，2003），SITC6 和 SITC8 大类产品密度值也较高，这两大类产品的 RCA 值也较高，这些比较优势产品周围聚集较多潜在比较优势产品，成为产品聚集核心区。2005～2017 年产品密集度偏向 SITC6、SITC7 和 SITC8 这三大类产品，同时这三大类产品的 RCA 值较高，一方面表现为出口产品由初级产品向工业制成品转变（赵文丁，2003；鲁晓东、李荣林，2007）；另一方面以 SITC7 机械运输设备为代表的大类产品周围聚集较多的比较优势产品和潜在比较优势产品，这些产品相似程度较高，有可能成为下期比较优势产品。

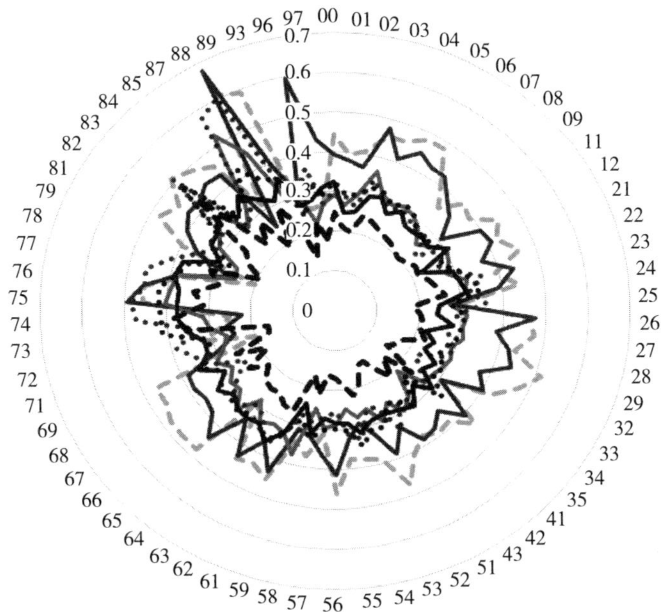

1995年 2000年 2005年 2010年 2015年 2016年 2017年

图 5.12 1995～2017 年中国出口产品密度分布（SITC－2 位码）

资料来源：根据 UN Comtrade 数据库计算得出。

从表 5.8 可以看出，2017 年中国具有比较优势产品，主要是以 SITC6 大类、SITC7 大类和 SITC8 大类产品为主，其中家用基础设备（81）、旅行用品（83）、服装及附件（84）、鞋靴（85）、办公用具及设备（75）、电信及装置设备（76）、纺纱制成品及有关产品（65）的 RCA 大于 2.5，具备极强的竞争优势，家具及零件（82）、摄影器材和光学物品（89）、金属制品（69）、软木及木制品（63）和电力机械（77）则介于 1.25～2.5，具有较强的竞争优势，钢铁（67）、软体动物及制品（03）、工业机械设备（74）、无机化学品（52）、非金属矿物制品（66）和橡胶制品（62）则具有平均竞争优势。根据 RCA 值大小可以判断出哪些产品当期具有比较优势产品，结合产品密度，则可以辨别出潜在比较优势产品。

表 5.8 2017 年中国具有比较优势产品排序（SITC－2 位码）

编码	81	83	76	85	65	84	75	82	89
RCA	3.203	3.103	2.957	2.840	2.789	2.742	2.735	2.469	1.717
编码	69	63	77	52	74	03	62	66	67
RCA	1.657	1.368	1.366	1.222	1.174	1.141	1.098	1.033	1.003

资料来源：根据 UN Comtrade 数据库计算得出。

对于 RCA 值小于 1 的产品中，究竟哪些产品会成为下期比较优势产品，即当期是潜在比较优势产品，根据产品密度可以判断产品周围集聚的比较优势产品和潜在比较优势产品，以及潜在比较优势产品将来转型成比较优势产品的可能性。通过表 5.9 可以看出，根据 SITC REV3 标准分类的 2 位码产品共 66 个，其中 18 类产品具备比较优势，即 RCA >1 的产品有 18 种，对剩下的 48 种不具有比较优势的产品按照 RCA 指数大小进行排序，表 5.9 仅列出 RCA <1 前 30 个比较劣势产品。比较靠前的主要是 SITC5、SITC7 和 SITC8 大类，产品密度值在 0.28 ~ 0.35，其中金工机械（73）产品密度为 0.358，RCA 指数和产品密度值较其他比较劣势产品相对较高，周围具有潜在比较优势产品较多，将来转型为比较优势产品的可能性最大，其次是陆路车辆（78）产品密度值最大，为 0.380，但其 RCA 值为 0.376，通过技术扩散等作用，转型成比较优势产品可能性较大，依次类推，相应产品转型可能性逐渐降低。最不容易转型成功的是煤、焦炭及煤砖（32），产品密度为 0.232，RCA 指数为 0.185，两个指数都低，说明周围的比较优势产品最少且与其距离最远，转型成功的可能性最低。因此，按照产品密度和 RCA 指数排列顺序有目的地进行培育和专门投入，比如先投入和培育 87、88、56 等依次顺序的比较劣势产品，未来相关产品转型升级的概率会更大，有可能成为下一期的比较优势产品。

表 5.9　2017 年中国比较劣势产品密度与 RCA 指数排序（SITC -2 位码）

培育顺序	产品编码	产品名称	RCA	密度
1	87	专业控制用仪器和装置	0.984	0.334
2	88	摄影器材、光学物品及钟表	0.982	0.309
3	56	制成肥料	0.923	0.284
4	51	有机化学品	0.902	0.288
5	64	纸及纸板；纸浆、纸及纸板制品	0.802	0.341
6	58	非初级形状的塑料	0.767	0.313
7	05	蔬菜及水果	0.747	0.271
8	72	特种工业专用机械	0.747	0.320
9	73	金工机械	0.673	0.358
10	26	纺织纤维及其废料	0.670	0.241
11	59	其他化学原料及产品	0.668	0.243
12	27	天然肥料及矿物	0.664	0.283
13	29	其他动、植物原料	0.657	0.247
14	71	动力机械及设备	0.656	0.321

续表

培育顺序	产品编码	产品名称	RCA	密度
15	53	染料、鞣料及着色料	0.651	0.291
16	79	其他运输设备	0.575	0.299
17	68	有色金属	0.533	0.302
18	57	初级形状的塑料	0.428	0.273
19	61	皮革、皮革制品及已鞣毛皮	0.420	0.329
20	78	陆路车辆（包括气垫式）	0.376	0.380
21	06	糖、糖制品及蜂蜜	0.356	0.294
22	35	电流	0.345	0.301
23	09	杂项食品	0.324	0.274
24	55	精油、香料及盥洗、光洁制品	0.312	0.285
25	08	饲料（不包括未碾磨谷物）	0.265	0.269
26	07	咖啡、茶、可可、调味品及其制品	0.257	0.270
27	41	动物油、脂	0.243	0.262
28	12	烟草及其制品	0.242	0.309
29	54	医药品	0.192	0.312
30	32	煤、焦炭及煤砖	0.185	0.232

资料来源：根据 UN Comtrade 数据库计算得出。

5.2.2 构建“一带一路”沿线国家产品密度分布图

产品距离或产品邻近程度，由计算一国（地区）的两种产品同时具有比较优势的条件概率，通过取两者概率最小值决定两种产品的距离远近，距离越近，邻近程度越大，说明两种产品相似程度越高，进一步表明生产这两种产品需要的生产设备、生产工艺、生产资料等投入以及技术水平等有形或无形资产越相近，在产品空间表现为邻近关系。通过产品空间产品间的邻近程度可以辨别哪些产品具有相似性，为衡量比较优势产品和潜在比较优势产品的密度提供了基础。

表5.10为2017年“一带一路”沿线主要国家产品密度分布情况，可以根据“一带一路”沿线主要国家产品分布情况，判断潜在比较优势产品周围聚集具有比较优势产品分布。产品是生产信息和技术水平的最终载体，通过产品间的距离远近和与比较优势的密集程度得出，邻近比较优势的产品更容易获得或辐射到比较优势产品的技术等相关信息资源，为潜在比较优势产品将来成为具有比较优势产品的可能性提供了空间优势。

表 5.10 2017 年“一带一路”沿线主要国家产品密度分布（SITC－1 位码）

国家代码	SITC0	SITC1	SITC2	SITC3	SITC4	SITC5	SITC6	SITC7	SITC8	SITC9
8	0.401	0.548	0.375	0.470	0.508	0.438	0.534	0.314	0.396	0.317
31	0.104	0.118	0.122	0.000	0.166	0.151	0.110	0.091	0.100	0.160
100	0.881	0.843	0.913	0.835	0.870	0.882	0.836	0.822	0.850	0.844
156	0.361	0.331	0.318	0.278	0.271	0.354	0.247	0.319	0.220	0.248
191	0.837	0.843	0.843	0.741	0.751	0.764	0.795	0.822	0.833	0.753
203	0.361	0.331	0.318	0.278	0.271	0.354	0.247	0.319	0.220	0.248
233	0.747	0.745	0.774	0.624	0.708	0.764	0.712	0.643	0.749	0.649
268	0.465	0.472	0.488	0.509	0.460	0.489	0.438	0.403	0.649	0.392
348	0.119	0.310	0.247	0.284	0.250	0.249	0.329	0.244	0.329	0.271
360	0.673	0.804	0.669	0.610	0.615	0.663	0.658	0.635	0.649	0.770
376	0.242	0.216	0.207	0.234	0.146	0.112	0.082	0.348	0.236	0.203
398	0.420	0.437	0.259	0.259	0.414	0.369	0.260	0.301	0.420	0.363
400	0.580	0.607	0.584	0.625	0.482	0.500	0.685	0.560	0.580	0.495
428	0.465	0.472	0.488	0.509	0.460	0.489	0.438	0.403	0.649	0.392
440	0.684	0.725	0.706	0.625	0.648	0.651	0.795	0.652	0.680	0.654
458	0.208	0.236	0.226	0.165	0.253	0.309	0.260	0.210	0.217	0.406
462	0.000	0.153	0.160	0.119	0.120	0.131	0.164	0.066	0.178	0.115
498	0.565	0.568	0.602	0.625	0.438	0.539	0.671	0.501	0.546	0.586
512	0.253	0.118	0.314	0.131	0.259	0.292	0.233	0.219	0.251	0.234
586	0.331	0.425	0.460	0.350	0.304	0.367	0.329	0.385	0.331	0.312
608	0.104	0.118	0.105	0.165	0.087	0.157	0.151	0.119	0.117	0.247
616	0.510	0.484	0.669	0.528	0.484	0.625	0.534	0.512	0.549	0.438
642	0.673	0.533	0.509	0.552	0.508	0.599	0.521	0.486	0.537	0.426
643	0.554	0.535	0.398	0.471	0.576	0.487	0.384	0.479	0.521	0.557
699	0.524	0.641	0.652	0.468	0.514	0.518	0.521	0.655	0.515	0.575
702	0.431	0.314	0.453	0.390	0.551	0.489	0.452	0.457	0.451	0.390
703	0.183	0.177	0.154	0.164	0.190	0.231	0.082	0.170	0.220	0.151
705	0.272	0.275	0.224	0.281	0.233	0.231	0.164	0.348	0.303	0.255
792	0.391	0.465	0.512	0.444	0.467	0.445	0.384	0.444	0.381	0.312
804	0.539	0.531	0.575	0.627	0.460	0.529	0.507	0.522	0.699	0.587
807	0.732	0.572	0.562	0.622	0.464	0.481	0.521	0.664	0.554	0.478
818	0.480	0.585	0.628	0.565	0.595	0.513	0.479	0.684	0.615	0.673

资料来源：根据 UN Comtrade 数据库计算得出。

比如2017年阿尔巴尼亚（8）在SITC0、SITC2、SITC7和SITC8大类产品上RCA指数均大于1，属于比较优势产品，其产品密度分别为0.401、0.375、0.314和0.396，相对于其他国家产品密度较高，这些产品下期依然可能属于比较优势产品，为邻近产品辐射更多的优势资源，为周边属于潜在比较优势产品提供了成为下期比较优势的可能性。反之亦然，从产品大类看SITC6产品RCA值为0.8，产品密度为0.534，该大类产品密度较高，属于潜在比较优势产品，因为该类产品周围聚集了较多的比较优势产品，可以获得比较优势资源的辐射更多，成为下期比较优势产品的概率相对更大。保加利亚（100）的十大类产品密度值都较高，在一定程度上聚集同类产品或邻近产品的程度较高，除了SITC5和SITC7大类产品的RCA值小于1外，其他大类产品都具有比较优势，因此该国剩余八大类产品在下期依然成为比较优势产品的可能性较高。

图5.13是2017年沿线国家RCA均值与产品密度均值对比，其中，格鲁吉亚、印度尼西亚、摩尔多瓦和乌克兰国家RCA均值较高，保加利亚和克罗地亚产品密度均值较高。

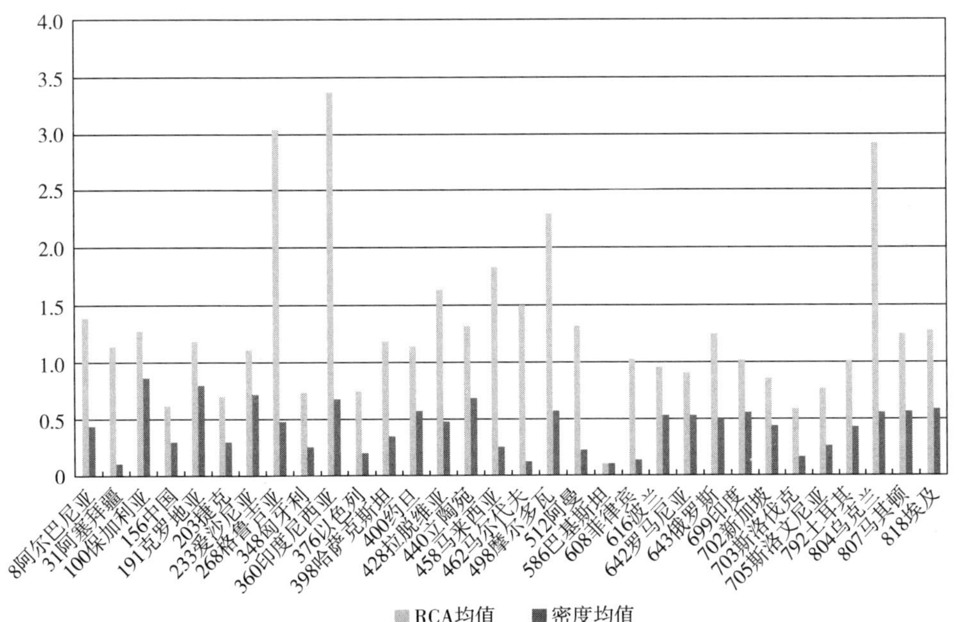

图5.13 2017年“一带一路”沿线主要国家RCA均值与产品密度均值对比（SITC-1位码）

资料来源：根据UN Comtrade数据库计算得出。

图 5. 14 是“一带一路”沿线 6 国产品密度均值对比，约旦、摩尔多瓦和印度密度均值较高，2001 年以来产品密度均值达到 0. 6。

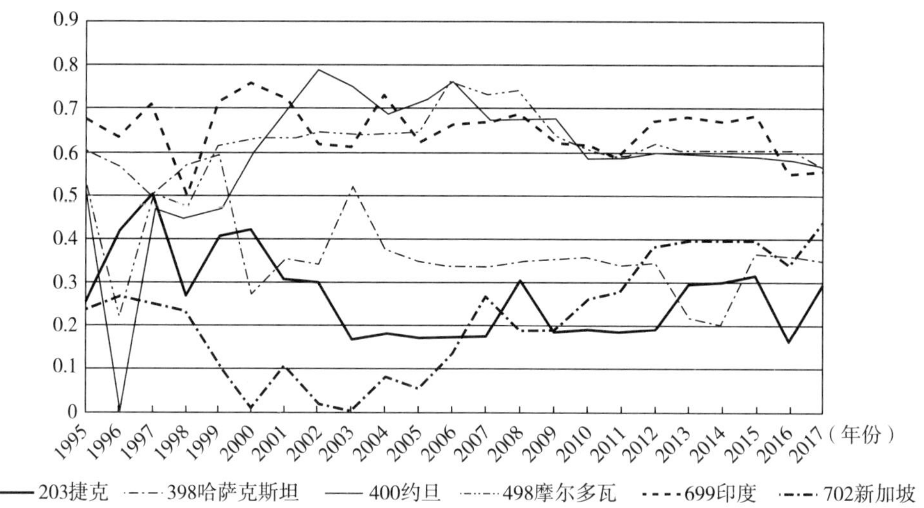

图 5. 14　1995 ~ 2017 年“一带一路”沿线 6 国产品密度均值对比（SITC－1 位码）

资料来源：根据 UN Comtrade 数据库计算得出。

图 5. 15 和图 5. 16 是 1995 年和 2017 年“一带一路”沿线主要国家产品密度空间分布（SITC－1 位码），鉴于数据库统计原因，有些国家相关数据缺失。图中外围数据代表国家，中心点的值为 0，一个圆圈表示值为 0. 1，共 10 个圆圈，最大圆圈代表最大值 1。越靠近原点值越小，也就是说某国某产品密度越小，而越往外值越大，某国某产品密度越大。根据产品密度公式，产品密度值越大，说明该产品周围聚集的比较优势产品较多，该产品具备一定的潜在比较优势，将来成为比较优势产品的可能性越大。其中，1995 年中国（156）的十大类产品密度值都不大，均在 0. 4 以下，SITC0 ~ SITC4 初级产品总体上比 SITC5 ~ SITC9 工业制成品密度高，说明初级产品周围聚集一些具有比较优势的产品，尤其是 SITC0 食品及活动物产品的密度值最高，为 0. 37，而 SITC5 ~ SITC9 工业制成品密度在 0. 2 左右。20 世纪 90 年代中国主要出口传统比较优势产品，发挥劳动密集型优势，工业制成品基础还比较薄弱，主要出口低附加值产品。马来西亚一直是我国进出口产品来源国，SITC0 ~ SITC4 初级产品密度基本在 0. 3 和 0. 4 左右，其中，SITC1 饮料及烟酒密度在初级产品中值最高，为 0. 45，SITC2 非食用原料最低，

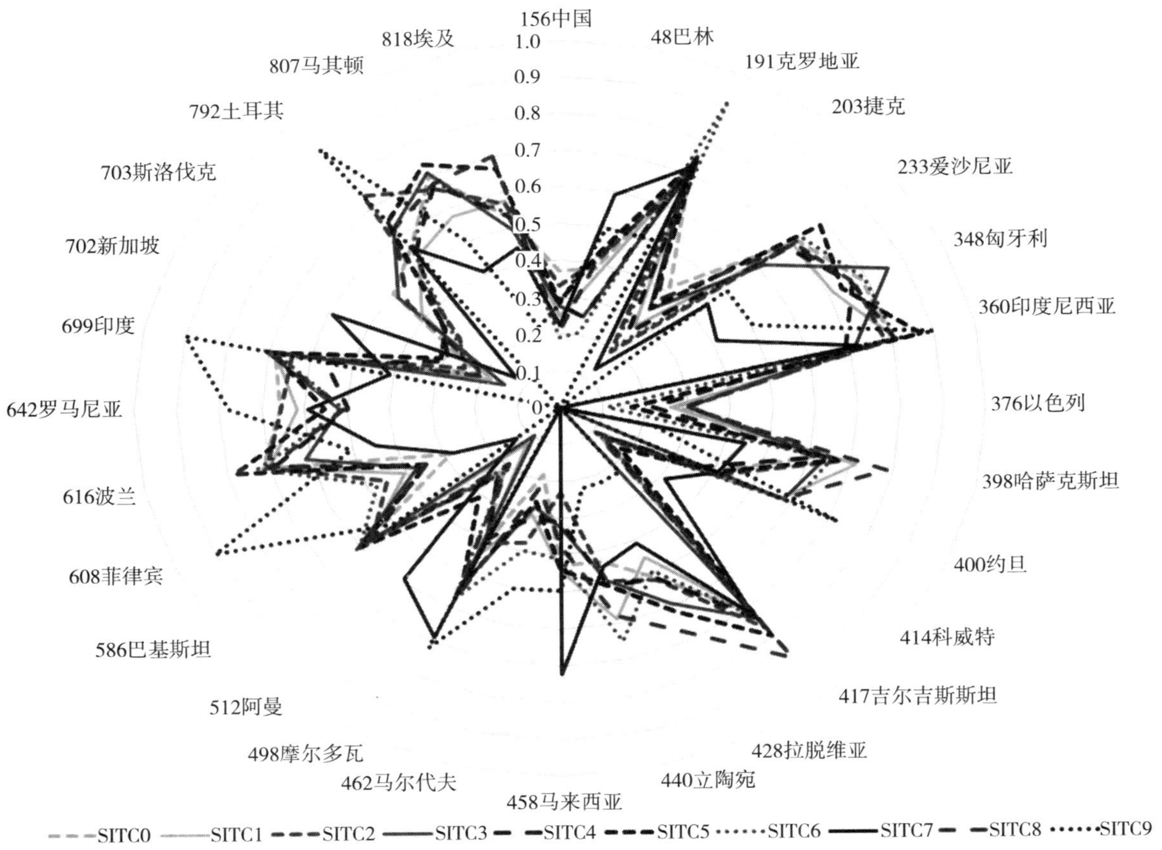

图5.15 1995年“一带一路”沿线主要国家产品密度分布（SITC-1位码）

资料来源：根据UN Comtrade数据库计算得出。

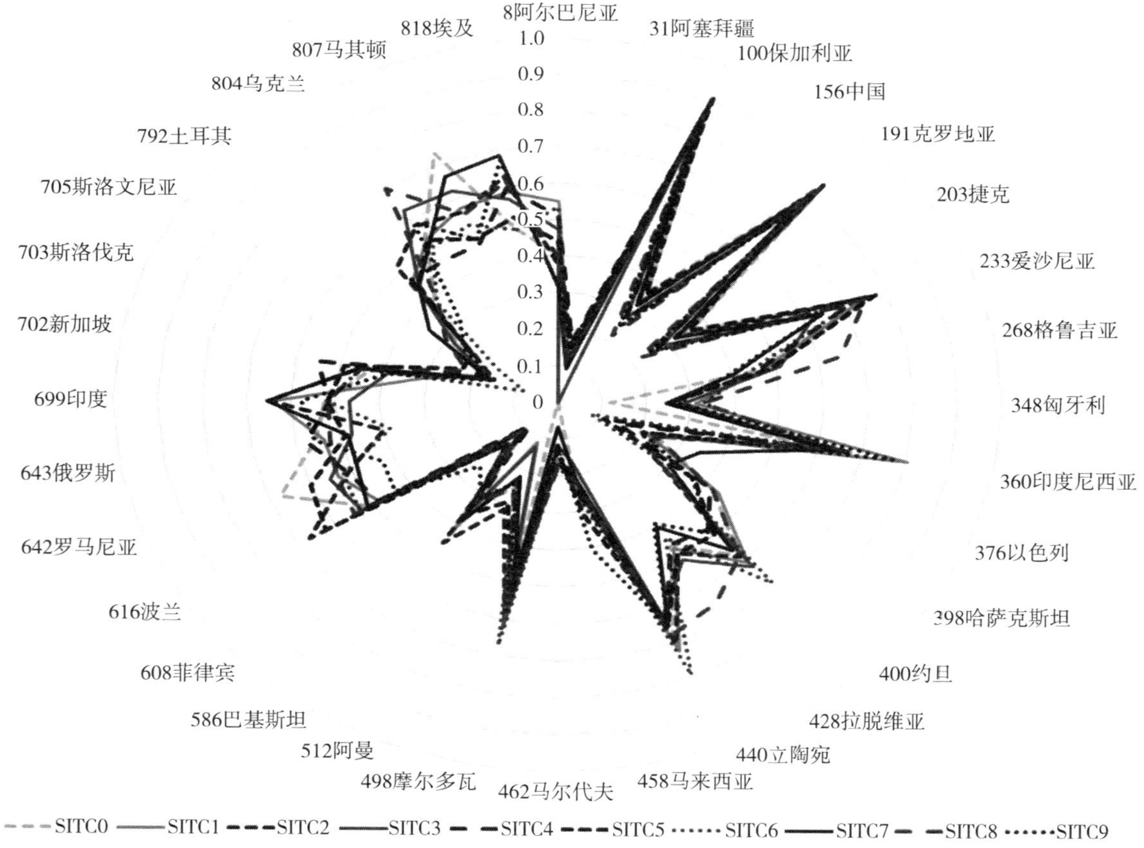

SITC0 —— SITC1 - - - SITC2 —— SITC3 — — SITC4 — — SITC5 …… SITC6 —— SITC7 — — SITC8 …… SITC9

图 5.16 2017 年“一带一路”沿线主要国家产品密度分布（SITC－1 位码）

资料来源：根据 UN Comtrade 数据库计算得出。

SITC5~SITC9工业制成品密度在0.4~0.7，其中SITC7机械运输设备密度最高，达0.72，说明该类产品周围聚集较多的比较优势产品，该类产品将来成为比较优势产品可能性较大。2003~2016年，马来西亚一直是我国进口来源国排名第一的国家，其中2016年从马来西亚进口SITC3矿物燃料、润滑油及有关原料达到4055百万美元，SITC7机械运输设备35058百万美元，中国主要对马来西亚出口工业制成品。马来西亚资源丰富，与中国互补性较强，两国贸易量较大，在"一带一路"倡议下，积极发挥比较优势并出口比较优势产品。

"一带一路"沿线很多国家的基础设施薄弱，营商环境不佳，本国没有特别突出的具有比较优势的要素禀赋，不具备比较优势产品的生产和出口，长此以往，经济一直停滞不前，所以对于"一带一路"沿线国家，尤其是缺乏先天自然禀赋和后天生产条件的国家，应该积极响应"一带一路"倡议带来的优惠政策和措施，同时，利用亚投行对"一带一路"沿线国家资金支持，发展本国基础设施建设（王永进，2010），逐步完善营商环境，积极与沿线国家保持交流和合作，互通有无，沿线国家之间贸易互补性较强（于津平，2003），不断利用沿线国家比较优势产品和产业发展本国经济，制定符合本国经济贸易发展的优惠政策和措施（孙致陆、李先德，2016；张美云、宋宇，2018），吸引和鼓励外商前来投资。同时人力资源是无形资产，是创新的来源，"一带一路"沿线国家应重视基础教育，培育经贸发展人才，中国作为负责任的大国也应积极对沿线国家进行基础设施建设与援助，这些对于一些沿线国家经济发展有切实的帮助。

图5.17是2017年"一带一路"沿线主要32个国家十大类商品的产品空间密度分布图，其中156（中国）的十大类产品密度值不大但比较集中，SITC0~SITC5值在0.3左右，SITC7为0.32，SITC6、SITC8和SITC9的值接近0.25。印度尼西亚（360）和印度（699）的出口复杂度均值不高，但在复杂度增长率均值上很高，说明这两个国家有动态比较优势发展空间，从图中可以看出，印度尼西亚（360）十大类产品密度值均在0.6以上，其中SITC1达0.8以上，该大类产品周围聚集较多的比较优势产品。印度（699）产品密度总体分布上比较均衡，除了SITC2非食用原料密度为0.47，其他九大类商品基本维持在0.5~0.6水平上，该国各大类产品相互关联程度较高，距离较近，将来成为比较优势产品的可能性较高。克罗地亚（191）的SITC3、SITC4、SITC5、SITC6和SITC9大类产品密度在0.7以上，其他大类产品均在0.8以上，各大类产品密度相差不大，维持在0.7~0.8水平上。以上国家从SITC-1位编码进行分析可能产品分类较粗糙，需要进一步细化到2位码产品做进一步分析。

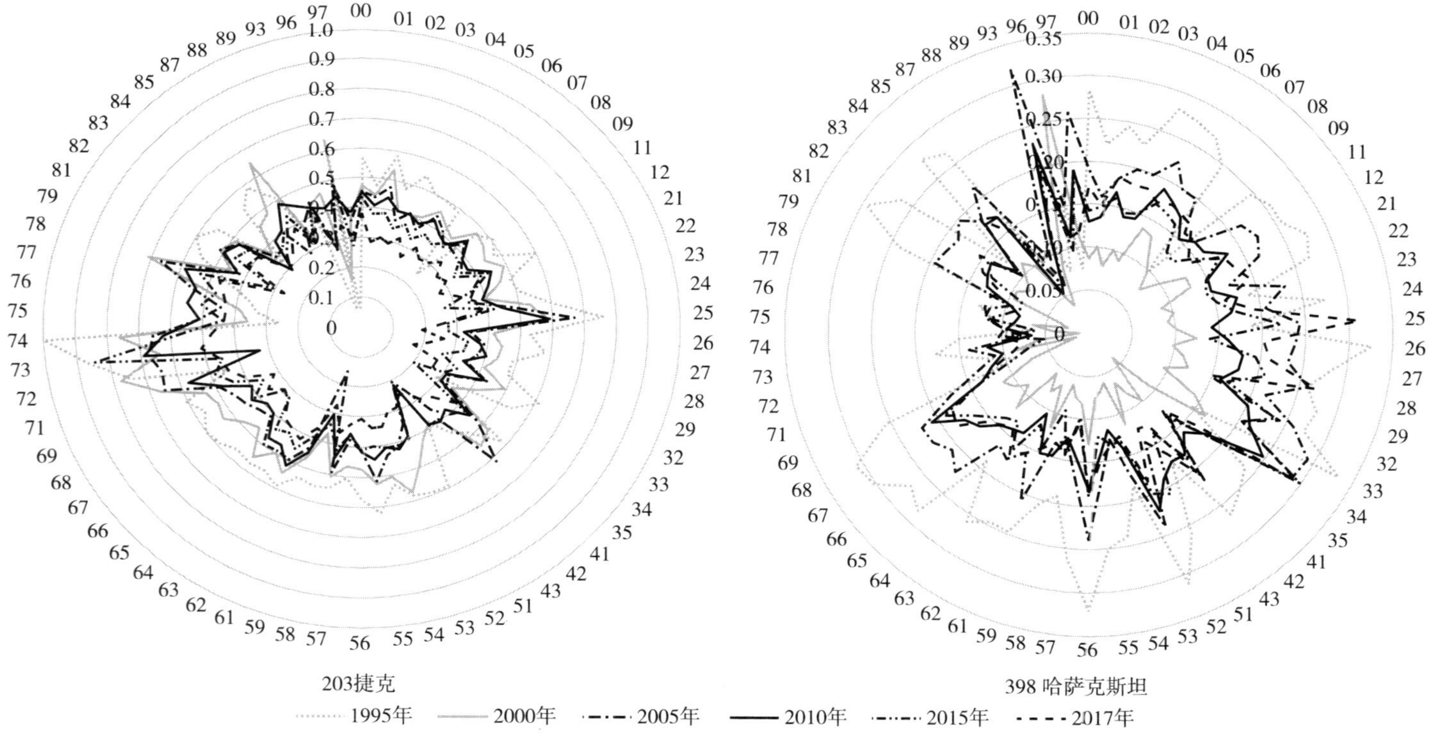

203捷克

398哈萨克斯坦

1995年 2000年 2005年 2010年 2015年 2017年

图5.17a 1995~2017年“一带一路”沿线部分国家产品密度分布（SITC-2位码）

资料来源：根据UN Comtrade数据库计算得出。

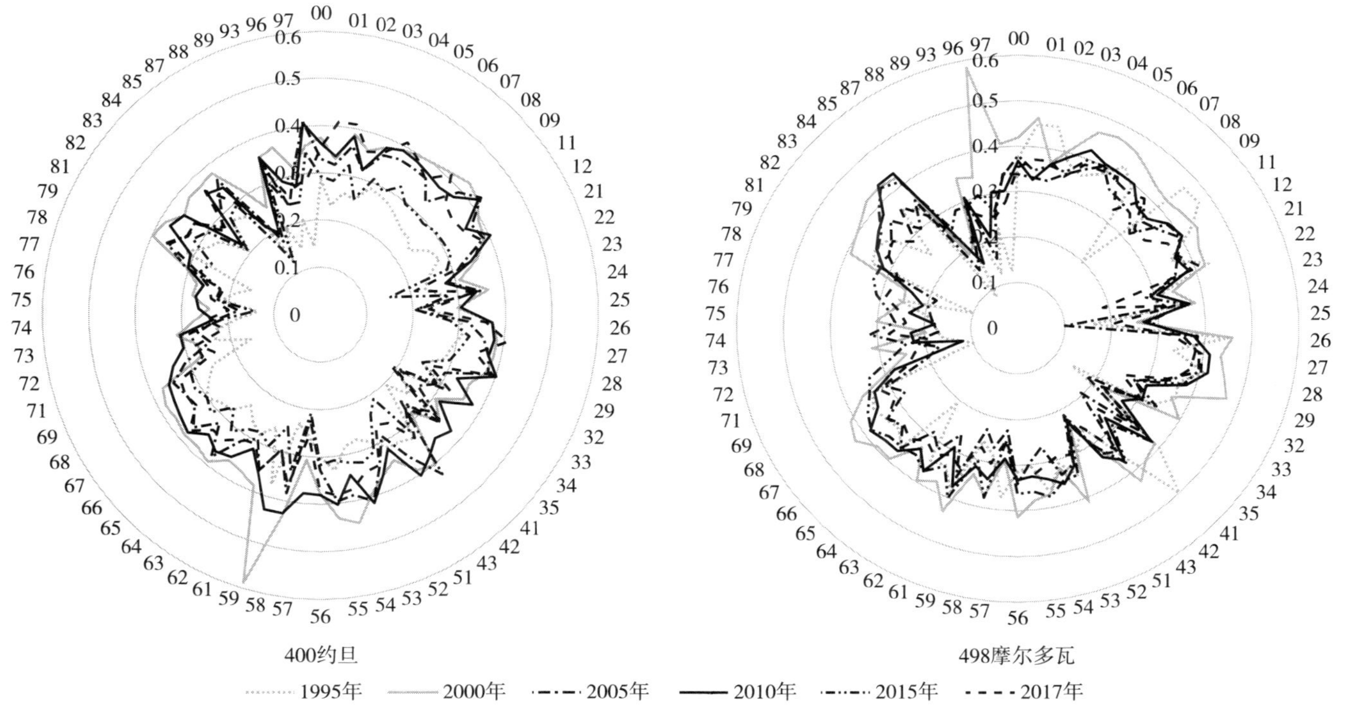

400约旦

498摩尔多瓦

1995年 2000年 2005年 2010年 2015年 2017年

图 5.17b 1995~2017 年“一带一路”沿线部分国家产品密度分布（SITC－2 位码）

资料来源：根据 UN Comtrade 数据库计算得出。

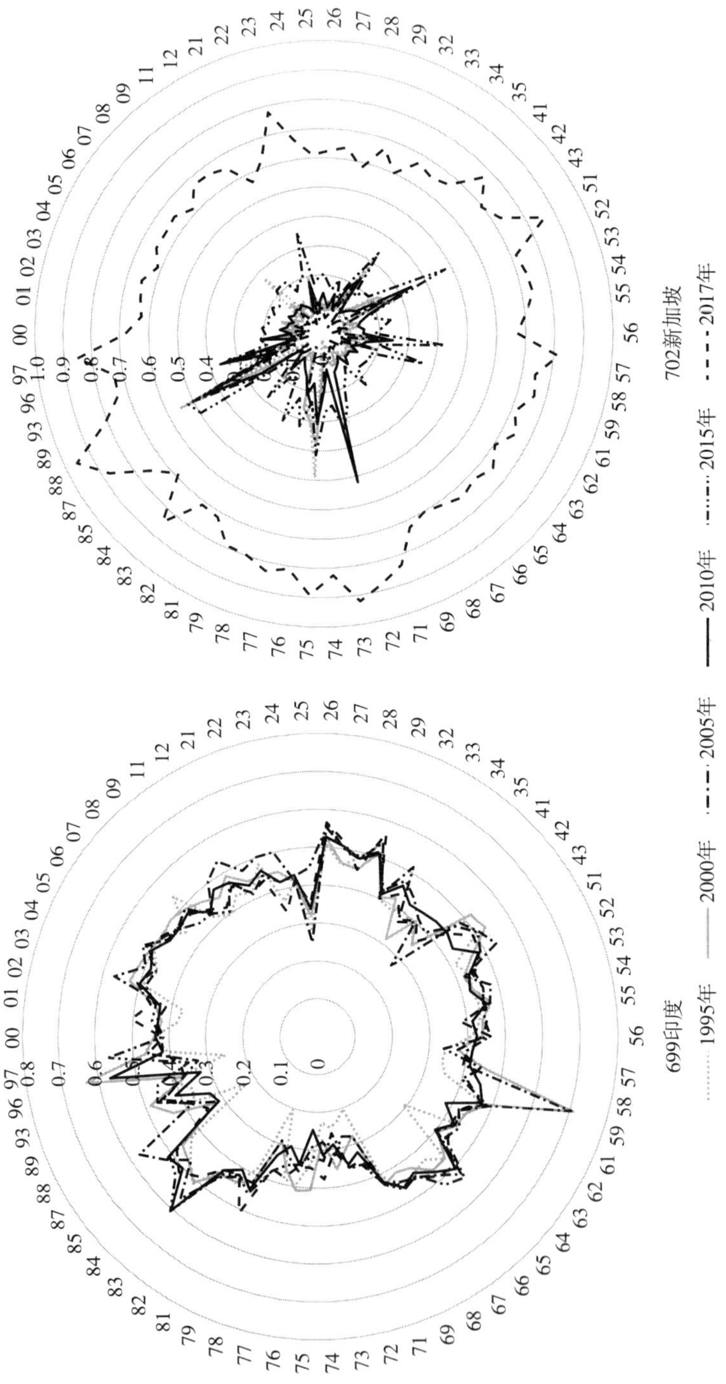

699印度

702新加坡

1995年 2000年 2005年 2010年 2015年 2017年

图 5.17c 1995～2017 年“一带一路”沿线部分国家产品密度分布（SITC－2 位码）

资料来源：根据 UN Comtrade 数据库计算得出。

总体上看，1995 年和 2017 年“一带一路”沿线主要国家产品密度分布（SITC-1 位码），有些国家产品空间变化较大，比如匈牙利（348）2016 年产品密度比 1995 年各产品密度值均有所变小，这些产品周围集聚的比较优势产品不多，技术扩散可能性不高，成为比较优势的可能性不明显，但 2017 年各大类产品密度有所回升，且分布较均匀，密度值在 0.2～0.3，产品之间联系开始紧密。更多国家产品密度表现较为集中，比如克罗地亚。20 年间一国（地区）各类产品密度变化趋势，总体上看有些国家产品密度值有增加或减少，产品间密度值相差不大。对于“一带一路”沿线主要国家，还是要尽可能地根据本国比较优势和产品密度进行生产和出口产品，发挥自身比较优势进行专业化分工和生产。

表 5.11 是 2017 年部分“一带一路”沿线国家产品密度排名前 20 位的产品，以保加利亚（100）为例，下期主要生产和出口天然肥料及矿物（27），往后依次生产和出口金属矿和金属屑（28）、乳品及蛋品（02）和谷物及其制品（04）等，克罗地亚（191）下期主要生产和出口饲料（不包括未碾磨谷物）（08），往后依次生产和出口乳品及蛋品（02）和活动物（00）等初级农产品。也就是说每期都有比较优势产品生产和出口，是下期应该重点投入与培养的产品。产品密度只是说明该产品周围聚集当期比较优势产品较多，下期该产品有可能成为比较优势产品。当然，正如 Hausman（2007）认为产品密度只是影响比较优势的一个内在重要因素，还有其他很多因素，并且当期产品密度会随着时间变化对下期及往后各期比较优势产品的影响逐渐降低，具体在第 6 章分析。

表 5.11　2017 年“一带一路”沿线部分国家产品密度排名前 20 位产品（SITC-2 位码）

培育顺序	100	191	203	233	268	360	400	428	440	458	498	616	642	643	699	702	705	792	818
1	27	08	73	25	28	25	01	21	21	25	22	35	78	25	29	88	73	27	27
2	28	02	78	21	21	34	05	02	29	34	28	08	74	34	26	73	78	84	26
3	02	00	74	32	22	32	02	11	02	75	27	32	62	32	05	75	72	62	05
4	04	06	72	24	00	28	08	08	26	23	06	24	77	28	27	72	74	67	29
5	22	04	77	02	04	26	27	24	08	87	05	00	81	93	84	87	64	06	06
6	06	22	71	00	27	23	29	07	07	57	04	01	82	33	79	51	69	05	84

续表

培育顺序	100	191	203	233	268	360	400	428	440	458	498	616	642	643	699	702	705	792	818
7	05	01	75	07	08	03	06	04	01	32	08	21	00	42	03	97	81	12	02
8	00	27	76	56	05	68	55	25	04	76	21	81	69	68	01	83	62	82	33
9	08	05	62	96	02	43	21	00	06	43	02	02	63	52	65	71	71	64	42
10	56	07	81	11	06	42	54	32	05	77	01	04	22	27	06	77	35	61	55
11	12	24	69	08	35	33	66	22	00	88	12	06	71	23	43	74	82	69	65
12	24	35	63	34	01	67	56	01	35	42	84	07	35	67	66	57	89	00	04
13	35	21	82	35	12	27	04	96	24	74	00	69	64	26	83	76	00	65	66
14	67	55	87	81	24	07	58	03	11	93	03	64	67	07	51	89	58	63	56
15	33	12	89	03	56	24	07	35	03	33	67	09	24	24	85	78	61	04	58
16	34	82	64	04	11	93	84	56	09	71	35	82	76	03	04	79	77	24	52
17	42	03	35	09	82	04	79	29	27	68	42	63	85	56	08	23	63	89	08
18	21	09	24	22	81	84	03	09	56	73	24	03	73	12	07	41	24	78	68
19	84	81	00	63	41	06	26	81	53	83	29	58	04	02	61	59	76	66	67
20	52	69	23	82	67	85	09	69	22	63	65	22	61	84	89	85	55	58	28

资料来源：根据 UN Comtrade 数据库计算得出。

按照当期产品比较优势指数和产品密度进行排序可以判断一国（地区）下期以及以后各期哪些产品具有比较优势和潜在比较优势，即有针对性地培育潜在比较优势产品，使生产和出口比较优势产品能够前后衔接和承上启下，保证企业连续生产和出口（金碚等，2013），有效避免盲目生产和出口。延伸到产业结构上，可以防止出现“产业空心化”问题，因此有序地对潜在比较优势产品进行培育，对企业生产者有序安排生产和出口，对一国（地区）有规划地进行产业结构调整或产业升级，具有重要的参考意义。

5.3 产品空间分布的演变趋势分析

图 5.17 分别选取 1995 ~ 2017 年南亚的印度（699）、东南亚的新加坡（702）、中亚的哈萨克斯坦（398）、西亚的约旦（400）、中东欧的捷克（203）

和独联体的摩尔多瓦（498）作为代表国分析产品空间分布趋势。图中圆圈越往外表示产品密度值越大，反之越小。虽然各个国家的产品密度差异较大，但是每个国家每五年产品密度走势基本相同。

印度（699）在2000年和2005年在59（未另列明化学原料及产品）上产品密度较大，2017年在79（其他运输设备）和83（旅行用具手提包等）上产品密度较大，总体上看，1995年印度（699）在SITC0类、SITC1类、部分SITC3类及SITC5类上密度较大，2017年在以上大类产品上有所降低，而在SITC6类和部分SITC7类以及SITC8类产品上密度较大，说明印度经历20多年的出口产品结构变化，出口产品由农产品向工业制成品转变（孙致陆、李先德，2013）。新加坡（702）产品密度变化不是很大，总体上2017年比1995年各种产品密度都有所下降，但出口产品比较优势指数较高，说明整体比较优势依然存在，只有个别产品密度差距较大，51（有机化学品）、57（塑料）、59（未另列明化学原料及产品）、71（动力机械设备）、72（特种工业机械）、76（电信录音设备）、87（专业仪器装置）和88（摄影设备及光学产品），密度均在0.4以上，说明这些产品周围聚集很多比较优势产品，下期这些产品很有可能成为比较优势产品。总体上看，哈萨克斯坦（398）2017年产品密度比1995年要低，最高的产品密度均在0.35以下。约旦（400）产品密度最高在2000年，绝大多数产品密度在0.5～0.7，而其他年份产品密度几乎在0.4以下。捷克（203）SITC2类、SITC5类、SITC6类和SITC7类的产品密度较高，尤其是73（金属加工机械）、74（工业机械设备）和78（陆用车辆）等，密度在0.5以上。摩尔多瓦（498）在2000年各类产品密度最高，其他年份有所降低，其中SITC0、SITC2、SITC5、SITC6、SITC8类和SITC9类产品密度在0.4左右。

从时间上看，1995年代表国各类产品密度最大，但产品种类比较分散，尤其是新加坡（702）。随着时间变化产品密度值有所降低，代表国产品密度不断向中心圆点集中，各年份所表示的线条轨迹说明比较优势产品和潜在比较优势产品也在不断变化。由于某一种产品密度值的大小能够表示集聚或疏远比较优势产品和潜在比较优势产品，也表示在某种产品周围会集聚或疏远优势资源的分布。因此，随着某种产品密度不断向圆点集中，产品密度分布越来越集中到核心区域，它能吸引其他邻近产品向核心区域集中，而同类产品之间跨越成为比较优势产品的可能性越高，这样有利于专业化分工，集中生产，产品专业化生产程度越高，越能带来生产率的提高，从而吸引更多相似或邻近产品的集中生产和出口。总之，产品密度越集中，越有利于形成产品核心区，核心区的分布有利于优势资源的辐射和传播，促进同类产品比较优势发挥，带动邻近产品的发展（张国峰等，2016），同时吸引新的潜在比较优势产品向比较优势产品过渡。

综上所述，虽然一国（地区）产品密度各异，但一国（地区）内部各种产品密度随时间变化趋势基本类似，通过产品密度可以判断一国（地区）生产和出口比较优势产品主要有哪些以及集中在哪些区域，不同产品的密度随着时间推移有可能增大也有可能减小。由于一国（地区）不能生产和出口本国需要的所有产品，需要根据一国（地区）特有的资源禀赋和生产技术等生产要素的投入，发挥自身比较优势进行专业化分工和生产。

5.4 本章小结

（1）从1995年和2017年“一带一路”沿线国家RCA指数对比可以看出，20多年间各国RCA指数变化明显，有的国家比较优势产品依然存在，有的则转为了比较劣势产品，不再具有比较优势。其中出口初级产品的国家有巴林、克罗地亚、爱沙尼亚、哈萨克斯坦、约旦、菲律宾、印度、印度尼西亚、吉尔吉斯斯坦、拉脱维亚、立陶宛、土耳其、马其顿、埃及。主要出口工业制品的国家有10个，分别为中国、捷克、以色列、波兰、爱沙尼亚、巴基斯坦、罗马尼亚、印度、土耳其和马其顿，而以色列、新加坡和斯洛伐克偏向于工业制品出口。

（2）1995～2017年“一带一路”沿线主要国家在SITC0、SITC2、SITC6和SITC8大类产品上的中心度相对于其他产品要高，产品空间表现较为紧密，而与其他几类产品较为疏远，产品中心度与产品的属性和特征有一定关系。总体上看，2017年中心度值较1996年和2006年有所提高也较为集中，最稀疏产品之间距离有缩小趋势，互相逐渐靠拢。这与2015年以来国际市场经济低迷和汇率波动等影响有关，也与“一带一路”沿线主要国家发挥本国产品比较优势以及专业化分工有一定联系（孙天阳等，2018）。总体上看，20多年间稀疏产品种类分布逐渐增多，但产品疏远距离在缩小。由于“一带一路”沿线国家在基础设施、资源禀赋和生产技术等方面分布不同，产品稀疏程度差异较大。

（3）对产品密度分析，1995年和2017年“一带一路”沿线主要国家产品密度分布（SITC－1位码），有些国家产品空间变化较大，比如匈牙利，2017年各

产品密度比1995年均有所变小。更多国家产品密度表现较为集中，比如克罗地亚。20多年间一国（地区）各类产品密度变化趋势，总体上看，有些国家产品密度值有增加或减少，比如约旦和新加坡，但总体趋势变化不大，产品间密度值相差也不大。对于“一带一路”沿线主要国家，还是要尽可能地根据本国比较优势进行生产和出口产品，发挥自身比较优势进行专业化分工和生产。

第6章　中国与“一带一路”沿线国家产品空间与动态比较优势实证分析

为了进一步研究产品空间与动态比较优势关系，本章以“一带一路”沿线国家作为研究对象，从“一带一路”沿线国家总体特征和分产品特征两方面进行实证分析。本章主要包括“一带一路”沿线国家产品空间与动态比较优势实证分析，中国产品空间与动态比较优势实证分析，“一带一路”沿线国家工业制成品产品空间与动态比较优势实证分析，中国工业制成品产品空间与动态比较优势实证分析四部分内容。

6.1　模型构建与说明

为了验证产品空间对动态比较优势的影响，本章分别以“一带一路”沿线国家和代表国家中国为例进行论证。选取指标为显示性比较优势（RCA）指数和产品密度指标，用产品密度指标反映产品空间分布情况。根据第3章和第5章所计算的“一带一路”沿线国家显示性比较优势（RCA）指数和产品密度（DENSITY）指标进行实证分析，产品数据采用《联合国国际贸易商品分类标准》SITC－2位码共66种产品。根据数据可获得性，剔除“一带一路”沿线国家中连续3年数据缺失和出口额不及世界出口额0.01%的国家，最终筛选出35个沿线国家，分析1996～2017年“一带一路”沿线35个国家66种产品密度与动态比较优势的关系。

根据Hausman和Klinger（2007）的研究方法，首先设定如下基本方程：

$$Y_{i,c,t}=\beta_0+\beta_1 Y_{i,c,t-1}+\beta_2 DENSITY_{i,c,t-1}+\beta X+\varepsilon \tag{6.1}$$

$Y_{i,c,t}$和$Y_{i,c,t-1}$为虚拟变量，若t时期C国i产品的RCA指数值大于1，则$Y_{i,c,t}$取1，反之则为0。$DENSITY_{i,c,t}$为t时期C国i产品密度，X是关于时间的国家和产品的虚拟变量，控制随时间变化的国家和产品特征，ε 为随机扰动项。

根据方程（6.1），将 RCA >1 的值设为 1，而 RCA <1 的值设为 0，对方程进行回归。本书表示显示性比较优势（RCA）指数和产品密度（DENSITY）指标，均通过《联合国商品贸易统计数据库》（UN Comtrade）收集整理计算得出。考虑到一些国家的某些商品出口额未统计，或出口额相比世界出口额太小，占比不到 0.01%，通过计算发现比较优势（RCA）指数和产品密度（DENSITY）值都太小，予以剔除后最终筛选出 35 个“一带一路”沿线国家作为研究对象进行分析。分别采用混合回归（OLS）、固定效应回归（FE）和最小二乘虚拟变量法（LSDV）进行验证。通过观察 1996 ~ 2017 年的“一带一路”沿线国家 RCA 指数，发现一国某一种产品 RCA 指数具有时序性和延续性，即当 RCA >1 时，后面几期 RCA 指数值也会持续大于 1，然后继续往大于 1 或小于 1 的方向变化，通过观察发现上期 RCA 指数对当期 RCA 指数变化有很大影响，因此选择采用两期 RCA 指数放入模型中，反映比较优势的动态变化，在方程（6.1）中用 $Y_{i,c,t}$ 和 $Y_{i,c,t-1}$ 虚拟变量来表示。产品密度（DENSITY）指标表示某种产品周围聚集具有比较优势产品的分布程度，即具有比较优势产品对该产品的影响程度，产品密度越大对该种产品影响程度越大，该种产品将来成为比较优势产品的可能性也越高。同样发现某种产品的密度指标值大小对以后几期产品密度影响较大，尤其是连续两期即上期产品密度大小会对本期产品密度变化有影响，说明产品密度也具有时序性和延续性，因此选择两期产品密度（DENSITY）指标放入模型中验证方程（6.1），根据分析可以将 RCA 指标动态变化过程在模型中反映出来。

6.2 描述性统计分析

根据方程（6.1），设定表 6.1 和表 6.3 是 $Y_{i,c,t}$（根据方程（6.1），此处用 $Y_{i,c,t}$ 和 $Y_{i,c,t-1}$ 表示 RCA 的虚拟变量）和 $RCA_{i,c,t}$ 原值相关变量的描述性统计分析。$Y_{i,c,t}$ 和 $Y_{i,c,t-1}$ 标准差为 0.4，大于平均值（0.28），$RCA_{i,c,t}$ 和 $RCA_{i,c,t-1}$ 标准差为 3.8，大于平均值（1.2），表明当期和上期不同国家在比较优势产品上有一定差异，体现出各国产品的差异性。产品密度最小值为 0，说明有些国家的某些产品周围没有任何比较优势产品，当期该产品转换为比较优势产品的可能性为 0。见表 6.1 和表 6.3 中不同时期的 DENSITY 指标值，产品密度的标准差小于平均值，说明某些产品密度在该种产品周围聚集了较多的比较优势产品，比较优势产品较为集中，该种产品当期成为比较优势产品的可能性较大。表6.2是代表显示性比较优势（RCA）指数的逻辑值（0与1）与各变量相关性分析，表6.4是RCA原值与各变量相关性分析。

表6.1　各变量描述性统计分析

Variable	Obs	Mean	Std. Dev.	min	max
$Y_{i,c,t}$	48510	0.281	0.449	0	1
$Y_{i,c,t-1}$	46200	0.282	0.450	0	1
$DENSITY_{i,c,t-1}$	45936	0.318	0.158	0	1
$DENSITY^2_{i,c,t-1}$	46200	0.125	0.105	0	1
$DENSITY_{i,c,t}$	48180	0.317	0.157	0	1
$DENSITY^2_{i,c,t}$	48510	0.124	0.105	0	1

资料来源：根据Stata12.0软件计算得出。

表6.2　各变量相关性分析

	$Y_{i,c,t}$	$Y_{i,c,t-1}$	$DENSITY_{i,c,t}$	$DENSITY^2_{i,c,t}$	$DENSITY_{i,c,t-1}$	$DENSITY^2_{i,c,t-1}$
$Y_{i,c,t}$	1					
$Y_{i,c,t-1}$	0.873 0.000	1				
$DENSITY_{i,c,t}$	0.457 0.000	0.429 0.000	1			
$DENSITY^2_{i,c,t}$	0.474 0.000	0.439 0.000	0.959 0.000	1		
$DENSITY_{i,c,t-1}$	0.427 0.000	0.457 0.000	0.926 0.000	0.883 0.000	1	
$DENSITY^2_{i,c,t-1}$	0.437 0.000	0.475 0.000	0.884 0.000	0.906 0.000	0.959 0.000	1

资料来源：根据Stata12.0软件计算得出。

表6.2和表6.4为显示性比较优势（RCA）指数的逻辑值和原值与各变量之间的相关性分析，主要采用Pearson相关系数分析。由表6.2和表6.4可知，虽然各个解释变量之间存在一定相关性，但是系数的绝对值均小于0.5，模型方差膨胀因子小于6，说明各个变量之间不存在多重共线性问题。

表6.3　各变量描述性统计分析

Variable	Obs	Mean	Std. Dev.	min	max
$RCA_{i,c,t}$	48510	1.241	3.872	0	167.0
$RCA_{i,c,t-1}$	46200	1.250	3.903	0	167.0
$DENSITY_{i,c,t-1}$	45936	0.318	0.158	0	1
$DENSITY^2_{i,c,t-1}$	46200	0.125	0.105	0	1
$DENSITY_{i,c,t}$	48180	0.317	0.157	0	1
$DENSITY^2_{i,c,t}$	48510	0.124	0.105	0	1

资料来源：根据 Stata12.0 软件计算得出。

表6.4　各变量相关性分析

	$RCA_{i,c,t}$	$RCA_{i,c,t-1}$	$DENSITY_{i,c,t}$	$DENSITY^2_{i,c,t}$	$DENSITY_{i,c,t-1}$	$DENSITY^2_{i,c,t-1}$
$RCA_{i,c,t}$	1					
$RCA_{i,c,t-1}$	0.938 0.000	1				
$DENSITY_{i,c,t}$	0.131 0.000	0.126 0.000	1			
$DENSITY^2_{i,c,t}$	0.130 0.000	0.124 0.000	0.959 0.000	1		
$DENSITY_{i,c,t-1}$	0.127 0.000	0.130 0.000	0.926 0.000	0.883 0.000	1	
$DENSITY^2_{i,c,t-1}$	0.120 0.000	0.128 0.000	0.884 0.000	0.906 0.000	0.959 0.000	1

资料来源：根据 Stata12.0 软件计算得出。

6.3　“一带一路”沿线国家产品空间与动态比较优势实证分析

作为参照系首先进行混合回归（OLS），在 OLS 回归结果中，$Y_{i,c,t-1}$（若 t－1 期 C 国 i 产品 RCA 值大于1，则 $Y_{i,c,t-1}=1$，反之则为0）和 $DENSITY_{i,c,t-1}$（产

品密度）在1%水平上显著为正，回归结果非常显著。但考虑到35个国家66种产品的显示性比较优势（RCA）指数和产品密度（DENSITY）均有各自差异，每个国家的国情不同，可能存在着不随时间变动的遗漏变量，考虑采用混合模型估计的结果存有偏差，因此使用固定效应模型（FE），对于原假设“H0：all $u_i = 0$”回归结果F检验的P值为0.000，强烈拒绝原假设，进一步认为固定效应回归优于混合回归，可以判断具有个体效应（陈强，2014），考虑到国家和产品都会随着时间变化而变化，因此进一步采用国家和时间作为虚拟变量进行回归。估计办法通过个体固定效应模型（One-way FE）和最小二乘虚拟变量法（LSDV）进行验证。个体固定效应解决了不随时间变化但随个体而异的遗漏变量问题（即单向固定效应），在此基础上又引入时间固定效应，可以解决不随个体变化但随时间而变的遗漏变量问题，既考虑了个体固定效应，又考虑了时间固定效应（即双向固定效应），同时考虑到模型设定全部属于动态面板，偏差校正LSDV法允许被解释变量的一阶滞后作为解释变量。

研究对象是1996~2017年“一带一路”沿线35个主要国家，每个国家有66种产品，属于高维度面板数据，为了进行计量分析，将国家—产品进行合并编码并与时间定义为虚拟变量，采用LSDV回归，用来控制随时间变化的国家—产品的个体效应（万金，2012）。LSDV估计方法的基本思想是，通过虚拟变量把个体效应（和时间效应）从误差项中分离出来，使分离后剩余的误差项与解释变量不相关，以便进行OLS估计。该估计方法直观含义是，变量Y的个体内离差对变量X的个体内离差进行回归，并进行OLS估计（万金、祁春节，2012）。由于方程还涉及自变量滞后项，可以考虑用动态面板，采用GMM方法，但考虑到还要对单独国家和产品进行回归等因素，差分GMM和系统GMM主要适用于短面板，偏差校正（LSDV法）可以避免因长面板使用GMM而出现偏差的情况，LSDV法在偏差大小和均方误差方面优于差分GMM和系统GMM，以及控制随时间变化的国家—产品的个体效应（陈强，2014），为了更全面衡量产品比较优势和产品密度之间的关系，本章主要采用LSDV方法进行回归。

6.3.1 回归结果

表6.5为“一带一路”沿线主要国家产品密度与比较优势基本方程的回归结果。通过控制国家和产品个体效应，分析上期产品比较优势指数（虚拟变量$Y_{i,c,t-1}$）和产品密度指数（$DENSITY_{i,c,t-1}$）对当期比较优势的影响，并分别进行混合回归（OLS）、个体固定效应回归（One-way FE）和LSDV回归。从模型

(1)、模型(2)和模型(3)中可以看出，上期 $Y_{i,c,t-1}$ 指数在1%水平上对当期 $Y_{i,c,t}$ 有显著正向影响，即上期 $Y_{i,c,t-1}$ 增长一单位，当期产品成为比较优势产品的概率分别增长85.8%、56.0%和56.0%；上期产品密度（$DENSITY_{i,c,t-1}$）在1%水平和5%水平上对当期 $Y_{i,c,t}$ 有显著正向影响，即上期产品密度（$DENSITY_{i,c,t-1}$）提高一单位，当期产品成为比较优势产品的概率上升9.7%、4.2%和3.3%，因为当期产品尚未进入转型期，上期产品密度越大，当期产品成为比较优势的可能性越大，可见上期产品比较优势指数（虚拟变量 $Y_{i,c,t-1}$）和产品密度（$DENSITY_{i,c,t-1}$）对当期产品成为比较优势产品的影响较大。

表6.5 “一带一路”沿线国家产品比较优势与产品密度基本回归结果

	模型（1）	模型（2）	模型（3）	模型（4）	模型（5）
	OLS	Oneuay FE	LSDV	Oeuay FE	LSDV
$Y_{i,c,t-1}$	0.858*** (175.88)	0.560*** (134.15)	0.560*** (134.35)	0.559*** (133.39)	0.559*** (133.61)
$DENSITY_{i,c,t-1}$	0.097*** (11.56)	0.042** (2.56)	0.033** (1.97)	-0.080* (-1.92)	-0.076* (-1.80)
$DENSITY^2_{i,c,t-1}$				0.170*** (3.16)	0.152*** (2.80)
CONS	0.008*** (3.61)	0.110*** (22.02)	0.028 (0.62)	0.128*** (17.05)	0.046 (1.01)
YEAR	NO	NO	YES	NO	YES
COUNTRY	NO	YES	YES	YES	YES
PRODUCT	NO	YES	YES	YES	YES
R^2	0.320	0.320	0.808	0.320	0.808
N	45936	45936	45936	45936	45936

注：*、**和***分别为10%、5%和1%的显著性水平；括号内为t值。

为了进一步分析产品密度对转型期产品比较优势的影响，放松二者之间线性关系假设，影响因素中加入了上期产品密度二次项（$DENSITY^2_{i,c,t-1}$）进行分析。从模型（4）和模型（5）可以看出，加入二次项后，回归系数发生了变化。若一次项系数显著，说明自变量与因变量呈显著线性关系；若一次项和二次项系数显著，或三次项不显著，说明自变量与因变量呈显著U形关系或倒U形关系；若一次项、二次项和三次项均显著，说明自变量与因变量呈显著S形关系或倒S

形关系。

从模型（4）和模型（5）中可以看出，加入上期产品密度二次项（$DENSITY^2_{i,c,t-1}$）后，上期产品密度一次项（$DENSITY_{i,c,t-1}$）和二次项（$DENSITY^2_{i,c,t-1}$）均对因变量影响显著，说明自变量与因变量之间不是简单的线性关系，而是U形或倒U形关系，再看两个系数符号为一负一正，说明二者呈U形关系，即在产品转型初期，上期产品密度（$DENSITY_{i,c,t-1}$）对当期产品比较优势指数（虚拟变量 $Y_{i,c,t-1}$）呈显著负向影响，但随着转型产品生产规模扩大，则对当期产品比较优势呈显著正向影响。产品密度二次项对产品比较优势无显著影响未列出，进一步说明二者呈U形关系。模型（4）固定效应回归（FE）和模型（5）LSDV回归结果表明，上期产品密度一次项（$DENSITY_{i,c,t-1}$）均在10%水平上显著为负，说明在产品转型初期，上期产品密度对当期产品比较优势影响程度仅为8.0%和7.6%，说明在产品转型初期，当期产品密度越大，周围聚集的同类或相似产品越多，产品之间的竞争性和替代性越大，使得该产品下期成为比较优势产品的可能性有所降低。但随着转型产品生产规模扩大，上期产品密度在1%水平上对当期产品比较优势影响显著为正，影响程度为17.0%和15.2%，说明短期内上期产品密度（$DENSITY_{i,c,t-1}$）对当期产品成为比较优势产品并没有显著正向影响，当转型产品生产规模达到一定程度时，上期产品密度则对当期产品比较优势有显著正向影响，说明上期产品密度对当前产品成为比较优势产品的影响有一定时效性和持续性（马常娥，2010），并非一蹴而就。也可以理解为上期产品密度对当期产品成为比较优势产品有一定冲击性和竞争性，在产品转型初期，该产品密度越大，周围聚集同类或相似产品越多，与同类或相似产品的竞争性和替代性越大，产品密度对该产品成为下期比较优势产品影响显著为负。随着转型产品生产规模扩大，通过技术和知识的扩散作用，产品密度越高促使该产品向周围聚集同类或相似产品学习新技术和新知识的机会也越多，使得该产品下期成为比较优势产品的概率也越高，因此当期产品密度对该产品成为下期比较优势产品有显著正向影响，实证结果显示产品结构转变偏向于邻近产品，具体结果如表6.5所示。

为了进一步研究产品密度和比较优势的关系，在基本方程（6.1）的基础上加入当期产品密度指数（$DENSITY_{i,c,t}$）进行扩展（张亭、刘林青，2017），衡量上期产品密度指数（$DENSITY_{i,c,t-1}$）和当期产品密度指数（$DENSITY_{i,c,t}$）对当期产品成为比较优势产品的影响。

$$Y_{i,c,t} = \beta_0 + \beta_1 Y_{i,c,t-1} + \beta_2 DENSITY_{i,c,t-1} + \beta_3 DENSITY^2_{i,c,t-1} + \beta_4 DENSITY_{i,c,t} + \beta_5 DENSITY^2_{i,c,t} + \beta X + \varepsilon \qquad (6.2)$$

从表6.6可以看出，模型（1）固定效应回归（FE）和模型（2）LSDV回归中第一项衡量的是上期产品比较优势指数（虚拟变量 $Y_{i,c,t-1}$）对当期产品比较优势指数（虚拟变量 $Y_{i,c,t}$）的影响，模型（1）和模型（2）两种方法估计系数一致，均为0.555，在1%水平上对当期产品比较优势呈显著正向影响，即上期比较优势指数（虚拟变量 $Y_{i,c,t-1}$）每增长1%，当期产品成为比较优势产品的可能性提高55.5%，正向影响显著。对于产品尚未进入转型期时，上期和当期产品密度对当期产品成为比较优势产品的影响在1%水平上显著为正。在模型（1）和模型（2）基础上加入上期产品密度二次项，结果如模型（3）和模型（4）所示，考察产品进入转型期对当期产品比较优势的影响，结果同表6.5类似，在产品转型初期，上期产品比较优势指数（虚拟变量 $Y_{i,c,t-1}$）对当期产品比较优势指数（虚拟变量 $Y_{i,c,t}$）在1%水平上影响显著为正，上期产品密度指标（$DENSITY_{i,c,t-1}$）对当期产品比较优势在1%水平上影响显著为负，随着转型产品生产规模扩大，影响则显著为正，当期产品密度指数（$DENSITY_{i,c,t}$）在1%水平上也显著为正，上期产品密度指标一次项和二次项系数符号为一负一正，说明上期产品密度与产品比较优势之间呈U形关系，可以判断产品密度对当期产品比较优势影响具有动态性。模型（5）和模型（6）中分别加入当期产品密度二次项，分析整个转型期，当期产品密度对当期产品比较优势的影响，结果所有上期比较优势指数（虚拟变量 $Y_{i,c,t-1}$）均在1%水平上显著为正，而上期产品密度指数在产品转型初期，在1%水平上依然显著为负，上期产品密度二次项指数在5%和10%水平上显著为正，进一步证明了产品密度对当期产品比较优势影响是动态变化的，二者呈U形关系。从系数上看，正向影响值随着规模扩大越来越大，因此产品密度对产品比较优势的发展有着内在正向影响。当期产品密度指数（$DENSITY_{i,c,t}$）在整个转型过程中，在1%水平上对产品比较优势指数（虚拟变量 $Y_{i,c,t-1}$）的影响显著为正。

表6.6 “一带一路”沿线国家产品比较优势与产品密度回归结果

	模型（1）	模型（2）	模型（3）	模型（4）	模型（5）	模型（6）
	One - way FE	LSDV	One - way FE	LSDV	One - way FE	LSDV
$Y_{i,c,t-1}$	0.555***	0.555***	0.555***	0.555***	0.552***	0.552***
	(57.07)	(140.23)	(57.03)	(139.89)	(56.48)	(139.97)
$DENSITY_{i,c,t-1}$	0.551***	0.555***	-0.477***	-0.481***	-0.571***	-0.576***
	(18.10)	(30.90)	(-8.66)	(-11.90)	(-19.03)	(-32.12)

续表

	模型（1）	模型（2）	模型（3）	模型（4）	模型（5）	模型（6）
	One - way FE	LSDV	One - way FE	LSDV	One - way FE	LSDV
$DENSITY^2_{i,c,t-1}$			0.105 * (1.95)	0.106 ** (2.03)	0.431 ** (2.01)	0.449 * (1.79)
$DENSITY_{i,c,t}$	1.173 *** (28.90)	1.182 *** (67.17)	1.176 *** (28.97)	1.184 *** (67.12)	0.561 *** (7.09)	0.559 *** (13.65)
$DENSITY^2_{i,c,t}$					0.871 *** (7.89)	0.890 *** (16.80)
CONS	-0.071 *** (-8.11)	-0.142 *** (-3.28)	-0.083 *** (-7.70)	-0.155 *** (-3.54)	-0.021 * (-1.71)	-0.031 (-0.70)
YEAR	NO	YES	NO	YES	NO	YES
COUNTRY	YES	YES	YES	YES	YES	YES
PRODUCT	YES	YES	YES	YES	YES	YES
R^2	0.390	0.829	0.390	0.829	0.393	0.830
N	45738	45738	45738	45738	45738	45738

注：*、** 和 *** 分别为 10%、5% 和 1% 的显著性水平；括号内为 t 值。

6.3.2 稳健性检验

为了检验上述模型的有效性，需要对产品密度和比较优势的关系进行稳健性检验。由于基础方程（6.1）中的因变量用 0 和 1 虚拟变量代表比较优势指数（$RCA>1$，$Y_{i,c,t}=1$，反之则为 0），只能反映出某产品是否具有比较优势的可能性，分析较为粗糙。方程（6.3）直接采用 RCA 原值进行估计，更能直观体现出产品密度与比较优势的关系。采用变换因变量方法，将因变量比较优势指标即二值指标变换为 RCA 原值进行回归，自变量用上期的 RCA 指数表示，其他指标均与原来一致。

表 6.7 采用固定效应回归（FE）和 LSDV 回归，回归结果与原回归结果并未显著差异，仅仅在系数和显著性上有一定变化，符号方向并无实质性变化，说明上述回归模型具有一定的无偏性和一致性。

$$RCA_{i,c,t}=\beta_0+\beta_1 RCA_{i,c,t-1}+\beta_2 DENSITY_{i,c,t-1}+\beta X+\varepsilon \tag{6.3}$$

其中，$RCA_{i,c,t}$表示 t 时期 C 国 i 产品比较优势指数，$DENSITY_{i,c,t-1}$为（$t-1$）期 C 国 i 产品密度，X 是关于时间的国家和产品的虚拟变量，控制随时间变化国

家和产品的特征，ε 为随机扰动项，回归结果如表6.7所示。

表6.7中的模型（1）、模型（2）、模型（3）和模型（4）是根据表6.5回归结果所做的稳健性检验。可以看出，上期RCA指数均对当期RCA指数的影响在1%水平上显著为正，上期RCA指数每增长1个单位，当期产品成为比较优势产品的可能性均提高71.7%。模型（1）和模型（2）产品尚未进入转型期，上期产品密度指数对当期产品比较优势影响为正但不显著，上期产品密度指数每增长1%，当期产品成为比较优势产品的可能性上升6.9%和5.3%。在模型（3）和模型（4）中加入上期产品密度二次项，在产品转型初期，上期产品密度对当期产品成为比较优势产品可能性影响在5%水平上显著为负，分别下降50.7%和45.4%，但随着转型产品生产规模扩大，上期产品密度指数对当期产品比较优势影响显著为正，分别提高60.4%和55.5%，影响较大。模型（5）和模型（6）是对表6.6中模型（5）和模型（6）所做的回归进行稳健性检验，主要分析上期和当期产品密度对当期产品比较优势的影响，发现在产品转型初期，上期RCA指数在1%水平上对当期RCA影响均显著为正，系数分别为64.7%和64.4%，上期产品密度在1%水平上对当期RCA指数影响显著为负，随着转型产品生产规模扩大，则显著为正，影响程度较高，达到166%和159%。

表6.7　稳健性检验

	模型（1）	模型（2）	模型（3）	模型（4）	模型（5）	模型（6）
	One - way FE	LSDV	One - way FE	LSDV	One - way FE	LSDV
$RCA_{i,c,t-1}$	0.717*** (21.92)	0.717*** (234.21)	0.717*** (21.95)	0.717*** (234.23)	0.647*** (14.03)	0.644*** (214.01)
$DENSITY_{i,c,t-1}$	0.069 (0.61)	0.053 (0.63)	-0.507** (-2.20)	-0.454** (-2.03)	-0.871*** (-6.26)	-0.882*** (-6.08)
$DENSITY^2_{i,c,t-1}$			0.604* (1.82)	0.555* (1.84)	1.660*** (3.34)	1.595*** (4.66)
$DENSITY_{i,c,t}$					1.717*** (4.87)	1.199*** (4.66)
$DENSITY^2_{i,c,t}$					0.724* (1.77)	0.621* (1.82)
CONS	0.362*** (10.57)	0.135 (0.56)	0.424*** (9.61)	0.202 (0.82)	-0.014 (-0.24)	-0.023 (-0.19)

续表

	模型（1）	模型（2）	模型（3）	模型（4）	模型（5）	模型（6）
	One - way FE	LSDV	One - way FE	LSDV	One - way FE	LSDV
YEAR	NO	YES	NO	YES	NO	YES
COUNTRY	YES	YES	YES	YES	YES	YES
PRODUCT	YES	YES	YES	YES	YES	YES
R^2	0.558	0.926	0.559	0.926	0.444	0.922
N	45936	45936	45936	45936	45936	45936

注：*、**和***分别为10%、5%和1%的显著性水平；括号内为t值。

综上所述，通过对当期产品比较优势赋值0和1进行回归，以及采用RCA原值进行稳健性检验，回归结果相似。总体上看，上期比较优势指数在整个产品转型期间，对当期产品比较优势的影响均在1%水平上显著为正；在产品转型初期，上期产品密度指数对当期产品成为比较优势产品影响显著为负，但随着转型产品生产规模扩大，影响显著为正，说明产品比较优势与产品密度之间呈U形关系。考虑到产品密度大小决定该产品周围聚集比较优势产品程度的高低，在产品转型初期，聚集在该产品周围的比较优势产品对该产品影响不大，但随着技术进步和知识的不断外溢与扩散，该产品能从周围聚集的比较优势产品上吸收先进的技术知识和经验，从而为该产品成为下期比较优势产品提供了可能性。因此有针对性地进行产品升级或转变生产方式，以及有目的性地培育潜在比较优势产品，对当期产品将来成为比较优势产品有较大影响和指导意义。

6.3.3 扩展方程回归

根据产品空间含义，若两种产品之间距离越近，一种产品向另一种产品跳跃即转换的可能性越大，而具有潜在比较优势产品周围聚集的比较优势产品越多，下期该产品成为比较优势产品的可能性越大。由于经济发展和市场需求变化，产品之间会发生结构转变，以满足经济发展和市场需求变化，其中包括市场自动筛选掉现有即将失去比较优势产品，以及市场生产资源会转移到新的具有潜在比较优势产品等原因。方程（6.1）、方程（6.2）和方程（6.3）仅对上期具有比较优势产品以及上期产品密度对当期比较优势产品的影响进行分析，即上述回归未能区分上期比较优势产品和潜在比较优势产品，在当期是否会有变化，即上期是比较优势产品，当期是否依然是比较优势产品，以及上期是潜在比较优势产品，当期转变成为比较优势产品的可能性，即这种动态过程并未详细区分，本书采用上期比较优势产品和上期潜在比较优势产品进行说明。

考虑一国（地区）上期产品不具备比较优势，如果当期产品仍不具备比较优势，属于状态1产品未升级；但若当期产品具备比较优势，则属于状态2产品升级成功；考虑上期产品具备比较优势，如果当期产品不具备比较优势，属于状态3产品失势；但若当期产品具备比较优势，该产品属于状态4继续保持比较优势状态。所以一种产品比较优势状态是会发生变化的，对于状态2，应该积极选择和培育该产品，这种产品具有潜在比较优势。对于状态3，应该减少或淘汰该产品的生产和出口，因为该产品已由比较优势产品转变成比较劣势产品，如果继续生产和出口，则会导致企业入不敷出，该产品应减产甚至淘汰。因此一国（地区）政府和企业，及早发现哪些产品属于潜在比较优势产品，哪些产品已不具备比较优势，应有意识地进行培育或淘汰，本章主要针对产品状态2和状态3进行分析。

在 Huasmann 和 Klinger（2007）、邓向荣（2016）、张亭（2016）、张亭和刘林青（2018）的研究基础上，分析上期产品密度对当期产品比较优势的影响。为了便于分析，采用上期比较优势产品和上期潜在比较优势产品进行说明。建立方程（6.4）：

$$Y_{i,c,t} = \beta_0 + \beta_1 Y_{i,c,t-1} + \beta_2 (Y_{i,c,t-1}) \times DENSITY_{i,c,t-1} + \beta_3 (1 - Y_{i,c,t-1}) \times DENSITY_{i,c,t-1} + \beta X + \varepsilon \tag{6.4}$$

方程（6.4）中相关变量与方程（6.1）和方程（6.2）一致。因变量 $Y_{i,c,t}$ 和 $Y_{i,c,t-1}$ 为虚拟变量（若 t 时期 C 国 i 产品 RCA 值大于 1，则 $Y_{i,c,t}$ 取 1，反之则为 0，$Y_{i,c,t-1}$ 为（$t-1$）期的 RCA 虚拟值，与 $Y_{i,c,t}$ 基本含义一致）。β_2 为产品密度对防止被放弃产品的影响，用上期比较优势产品说明，而 β_3 为产品密度与向新产品转移概率的相关系数，用上期潜在比较优势产品进行说明。对于上期具有比较优势的产品，RCA 值大于 1，$Y_{i,c,t-1}=1$，则 $\beta_1 Y_{i,c,t-1}$ 和 $\beta_2(Y_{i,c,t-1}) \times DENSITY_{i,c,t-1}$ 项在方程中保留，即 β_1 和 β_2 项保留，而 $\beta_3(1-Y_{i,c,t-1}) \times DENSITY_{i,c,t-1}=0$，即 β_3 项则为 0。反之，RCA 值小于 1，$Y_{i,c,t-1}=0$，对于上期尚不具有比较优势产品即潜在比较优势产品，β_3 项保留，β_1 和 β_2 项则为 0。通过（0，1）变量可以区分两类产品，对于这两类产品，可以理解为上期具有比较优势产品和上期具有潜在比较优势产品。其他变量含义与方程（6.1）相同，$DENSITY_{i,c,t}$ 为 t 期 C 国 i 产品密度，X 是关于时间的国家和产品的虚拟变量，控制随时间变化的国家和产品特征，ε 为随机扰动项，回归结果见表 6.8 中模型（1）、模型（2）和模型（3）。

为了进一步验证上期产品密度、上期比较优势产品和上期潜在比较优势产品对当期新产品成为比较优势产品影响概率的时间效应，在方程（6.4）基础上加入上期产品密度二次项（$DENSITY_{i,c,t-1}^2$），分别验证自变量对因变量的动态影响程度和显著性水平。

$$Y_{i,c,t} = \beta_0 + \beta_1 Y_{i,c,t-1} + \beta_2(Y_{i,c,t-1}) \times DENSITY_{i,c,t-1} + \beta_3(1 - Y_{i,c,t-1}) \times DENSITY_{i,c,t-1} + \beta_4(Y_{i,c,t-1}) \times DENSITY_{i,c,t-1}^2 + \beta_5(1 - Y_{i,c,t-1}) \times DENSITY_{i,c,t-1}^2 + \beta X + \varepsilon \quad (6.5)$$

方程（6.5）中的相关变量及系数解释与方程（6.4）相同，根据方程（6.4）与方程（6.5）分别验证产品密度和比较优势的关系，表6.8分别采用OLS、FE、LSDV方法进行回归，结果见表6.8中模型（4）至模型（6）。

表6.8 “一带一路”沿线国家分产品比较优势与产品密度回归结果

	模型（1）	模型（2）	模型（3）	模型（4）	模型（5）	模型（6）
	OLS	One - way FE	LSDV	OLS	One - way FE	LSDV
$Y_{i,c,t-1}$	0.873***	0.535***	0.536***	0.807***	0.489***	0.492***
	(64.11)	(50.58)	(50.62)	(28.31)	(26.01)	(26.20)
$Y_{i,c,t-1} \times DENSITY_{i,c,t-1}$	0.069**	0.084***	0.074***	0.364***	0.211**	0.201**
	(2.57)	(3.60)	(3.17)	(2.95)	(2.45)	(2.35)
$(1 - Y_{i,c,t-1}) \times DENSITY_{i,c,t-1}$	-0.107***	-0.022	-0.013	-0.006	-0.161***	-0.146***
	(-10.74)	(-1.21)	(-0.70)	(-0.17)	(-3.20)	(-2.89)
$Y_{i,c,t-1} \times DENSITY_{i,c,t-1}^2$				-0.354**	-0.144	-0.144
				(-2.56)	(-1.52)	(-1.52)
$(1 - Y_{i,c,t-1}) \times DENSITY_{i,c,t-1}^2$				0.202***	0.306***	0.267***
				(3.18)	(4.03)	(3.50)
CONS	0.005**	0.116***	0.034	0.017***	0.137***	0.057
	(2.06)	(21.13)	(0.75)	(4.54)	(17.29)	(1.22)
YEAR	NO	NO	YES	NO	NO	YES
COUNTRY	NO	YES	YES	NO	YES	YES
PRODUCT	NO	YES	YES	NO	YES	YES
R^2	0.320	0.320	0.808	0.320	0.321	0.808
N	45936	45936	45936	45936	45936	45936

注：*、**和***分别为10%、5%和1%的显著性水平；括号内为t值。

表6.8中模型（1）至模型（6）分别表示不同产品状态的产品密度与产品比较优势关系的回归结果，模型（1）、模型（2）和模型（3）为产品转型初期，模型（4）、模型（5）和模型（6）考察整个转型期。模型（1）作为参照进行混合回归，模型（1）中（$Y_{i,c,t-1}$）和（$Y_{i,c,t-1} \times DENSITY_{i,c,t-1}$）以及［（$1-Y_{i,c,t-1}$）$\times DENSITY_{i,c,t-1}$］交互项在5%和1%水平上显著为正和为负，考虑混合模型结果存有偏差，采用固定效应模型（2），通过控制国家和产品个体效应后，（$Y_{i,c,t-1}$）和（$Y_{i,c,t-1} \times DENSITY_{i,c,t-1}$）交互项在1%水平上对产品当期成为比较优势产品有显著正向影响，产品密度每增长1%，上期具有比较优势产品当期依然是比较优势产品的概率增加8.4%，而上期具有潜在比较优势产品，当期成为比较优势产品的概率无显著变化。模型（3）采用LSDV法分析上期具有比较优势产品和潜在比较优势产品，对当期成为比较优势产品的影响，（$Y_{i,c,t-1}$）和（$Y_{i,c,t-1} \times DENSITY_{i,c,t-1}$）交互项在1%水平上对当期成为比较优势产品有显著正向影响，由于产品密度是产品之间结构转换一个非常重要的决定因素，产品进入转型初期，产品密度每增长1%，上期具有比较优势产品，当期依然成为比较优势产品的概率增加7.4%，而上期具有潜在比较优势产品，当期成为比较优势产品的概率下降1.3%。模型（5）和模型（6）的固定效应回归和LSDV回归结果相似，以模型（6）为例，产品转型初期，（$Y_{i,c,t-1}$）和（$Y_{i,c,t-1} \times DENSITY_{i,c,t-1}$）交互项在1%和5%水平上显著，上期产品密度对当期成为比较优势产品有显著正向影响，而［（$1-Y_{i,c,t-1}$）$\times DENSITY_{i,c,t-1}$］项在1%水平上显著为负，即上期产品密度每增加1%，上期具有比较优势产品，当期成为比较优势产品的概率增加20.1%，上期具有潜在比较优势产品，当期成为比较优势产品的概率减少14.6%，随着转型产品生产规模扩大，产品密度不断提高，产品密度每增长1%，上期具有比较优势产品，当期依然为比较优势产品的概率下降14.4%，而上期具有潜在比较优势产品，当期成为比较优势产品的概率显著提高26.7%，说明上期比较优势产品和潜在比较优势产品之间结构转换具有一定时效性。

产品转型初期，上期比较优势产品当期可能依然是比较优势产品，随着转型产品生产规模扩大，产品密度不断提高，上期具有比较优势产品当期可能不再具备比较优势，成为比较劣势产品。对于上期潜在比较优势产品，由于产品转型初期，不具备竞争优势，尚未转换成具有比较优势的产品，随着不断吸收周围聚集的比较优势产品的技术和知识水平，长期看可能转换成为当期具有比较优势的新产品。随着生产结构转换和规模扩大以及技术水平的提高，一种产品不可能一直属于比较优势产品或比较劣势产品，一些产品有可能由比较优势产品转变为比较劣势产品，一些潜在比较优势产品则转变为具有比较优势产品（乔彬等，2016）。综上所述，产品密度对产品比较优势影响显著，产品密度对于研究比较优势产品和潜在比较优势产品的关系以及明确未来培育优势产品具有重要的意义。

6.4 中国产品空间与动态比较优势实证分析

以上实证分析了“一带一路”沿线35个主要国家产品密度与比较优势关系的总体特征，下面主要针对“一带一路”沿线代表国家——中国的66种产品比较优势和产品密度关系进行实证分析。

6.4.1 回归结果

为了进一步验证单个国家产品密度与比较优势的关系是否也是按照这一路径发展，表6.9先采用固定效应回归（FE）分析中国66种产品密度与比较优势关系。模型（1）为产品尚未进入转型期，上期比较优势指数在1%水平上对当期比较优势产品影响显著为正，上期比较优势指数每增长1%，对当期比较优势影响为63.2%，上期产品密度指数在1%水平上对当期比较优势产品影响显著为正，上期产品密度指数每增长1%，当期产品比较优势则上升26.7%，与“一带一路”沿线国家总体特征相同。模型（2）中加入产品密度二次项后，上期比较优势指数对当期产品比较优势在1%水平上显著为正，上期比较优势指数每增长1%，当期比较优势则上升62.8%，产品密度一次项与二次项分别在10%水平上显著为负和显著为正，说明产品密度与比较优势之间为U形关系，在产品转型初期，产品密度每增长1%，当期产品比较优势则下降29.3%，随着转型产品生产规模扩大，产品密度每增长1%，当期产品比较优势增长82.5%。虽然在产品转型初期，上期产品密度对当期产品比较优势有29.3%的负向影响，但生产规模扩大后，上期产品密度对当期产品比较优势具有82.5%的正向影响，可以理解为不同产品进行知识扩散和技术溢出等待的时间，为当期产品成为下期比较优势产品提供长期影响作用。同理，模型（3）和模型（4）分别加入当期产品密度的一次项和二次项进行分析，结果同前述回归结果类似，均为正向影响。模型（4）中当期产品密度在产品转型初期，对当期比较优势具有显著作用，影响程度为68%，生产规模扩大后，依然为显著正向影响，影响程度达到277%。

表6.9 中国产品比较优势与产品密度基本回归结果（One - way FE）

	模型（1）	模型（2）	模型（3）	模型（4）
$Y_{i,c,t-1}$	0.632*** (28.38)	0.628*** (28.00)	0.619*** (29.07)	0.619*** (29.35)
$DENSITY_{i,c,t-1}$	0.267*** (2.68)	-0.293* (-1.94)	-0.306*** (-2.83)	-0.446*** (-4.04)
$DENSITY^2_{i,c,t-1}$		0.825* (1.86)		0.822* (1.89)
$DENSITY_{i,c,t}$			1.080*** (11.07)	0.683* (1.93)
$DENSITY^2_{i,c,t}$				2.772*** (5.18)
CONS	0.016 (0.48)	0.108 (1.47)	-0.145*** (-4.22)	0.168** (2.42)
YEAR	NO	NO	NO	NO
COUNTRY	YES	YES	YES	YES
PRODUCT	YES	YES	YES	YES
R^2	0.444	0.445	0.494	0.504
N	1320	1320	1320	1320

注：*、**和***分别为10%、5%和1%的显著性水平；括号内为t值。

表6.10为根据方程（6.1）和方程（6.2）采用LSDV回归法分析中国66种产品密度与产品比较优势的关系。回归结果与固定效应回归（FE）结果基本一致，显著性水平和系数符号与前述回归结果相似，可以判断中国66种产品密度与产品比较优势之间也是呈U形关系。由模型（2）可知，在产品转型初期，上期产品比较优势对当期产品比较优势具有正向显著影响，上期产品比较优势指数每增长1%，当期产品比较优势会增长62.2%，中国比较优势产品具有一定的相关性，产品状态变化幅度不大，主要处于产品状态1产品未升级和4继续保持产品优势。上期产品密度对当期产品比较优势在10%水平上影响显著为负，为14.4%，随着转型产品生产规模扩大，在10%水平上影响显著为正，上期产品密度每增加1%，会对当期产品比较优势影响增长81.5%。模型（3）和模型（4）中分别加入当期产品密度一次项和二次项，回归结果与模型（2）基本相同。

表 6.10 中国产品比较优势与产品密度回归结果（LSDV）

	模型（1）	模型（2）	模型（3）	模型（4）
$Y_{i,c,t-1}$	0.627*** (27.93)	0.622*** (27.44)	0.605*** (27.91)	0.605*** (28.22)
$DENSITY_{i,c,t-1}$	0.397*** (3.34)	-0.144* (-1.95)	-0.211 (-1.63)	-0.351*** (-2.69)
$DENSITY^2_{i,c,t-1}$		0.815* (1.86)		0.562* (1.91)
$DENSITY_{i,c,t}$			1.282*** (10.06)	0.618 (1.62)
$DENSITY^2_{i,c,t}$				2.952*** (5.29)
CONS	-0.128** (-1.99)	-0.042 (-0.46)	-0.340*** (-5.21)	0.018 (0.19)
YEAR	YES	YES	YES	YES
COUNTRY	YES	YES	YES	YES
PRODUCT	YES	YES	YES	YES
R^2	0.854	0.854	0.865	0.868
N	1320	1320	1320	1320

注：*、**和***分别为10%、5%和1%的显著性水平；括号内为t值。

6.4.2 稳健性检验

选取中国的 RCA 指数原值替换因变量方法进行稳健性检验，回归结果如表 6.11 所示。为了便于分析，表 6.11 是加入不同变量的固定效应回归结果，表 6.12 是 LSDV 回归。两个表中上期 RCA 指数对当期 RCA 影响均在 1% 水平上显著为正，与上述回归结果结论一致。由表 6.11 模型（2）可知，中国上期产品密度与当期比较优势之间呈 U 形关系，与表 6.10 回归结果和系数符号方向一致，说明表 6.11 回归结果有效。表 6.12 为采用 LSDV 法回归，回归结果与固定效应回归结果相似，进一步印证了中国 66 种产品密度与产品比较优势呈显著的 U 形关系。

表6.11　稳健性检验（One－way FE）

	模型（1）	模型（2）	模型（3）	模型（4）
$RCA_{i,c,t-1}$	0.880*** (73.48)	0.880*** (73.85)	0.874*** (74.12)	0.875*** (74.24)
$DENSITY_{i,c,t-1}$	0.146* (1.83)	－1.070*** (－3.17)	－0.167* (－1.86)	－0.222** (－2.39)
$DENSITY^2_{i,c,t-1}$		1.772*** (3.70)		0.877* (1.88)
$DENSITY_{i,c,t}$			0.591*** (7.12)	0.069 (0.23)
$DENSITY^2_{i,c,t}$				1.036** (2.26)
CONS	0.044 (1.64)	0.244*** (4.05)	－0.040 (－1.39)	0.076 (1.29)
YEAR	NO	NO	NO	NO
COUNTRY	YES	YES	YES	YES
PRODUCT	YES	YES	YES	YES
R^2	0.826	0.827	0.832	0.833
N	1320	1320	1320	1320

注：*、**和***分别为10%、5%和1%的显著性水平；括号内为t值。

表6.12　稳健性检验（LSDV）

	模型（1）	模型（2）	模型（3）	模型（4）
$RCA_{i,c,t-1}$	0.878*** (74.59)	0.878*** (74.93)	0.876*** (74.56)	0.878*** (74.70)
$DENSITY_{i,c,t-1}$	0.149 (1.63)	－0.938*** (－2.78)	－0.024 (－0.22)	－0.081 (－0.75)
$DENSITY^2_{i,c,t-1}$		1.608*** (3.35)		1.052* (1.79)
$DENSITY_{i,c,t}$			0.347*** (3.25)	0.394 (1.22)

续表

	模型（1）	模型（2）	模型（3）	模型（4）
$DENSITY_{i,c,t}^2$				1.151** (2.42)
CONS	-0.049 (-0.95)	0.125* (1.72)	-0.103* (-1.92)	0.036 (0.46)
YEAR	YES	YES	YES	YES
COUNTRY	YES	YES	YES	YES
PRODUCT	YES	YES	YES	YES
R^2	0.981	0.981	0.837	0.838
N	1320	1320	1320	1320

注：*、**和***分别为10%、5%和1%的显著性水平；括号内为t值。

6.4.3 扩展方程回归

为了进一步分析不同产品比较优势与产品密度的关系，按照方程（6.4）的含义，对中国产品比较优势的影响分别采用三种回归方法，具体结果如表6.13所示。模型（1）、模型（2）和模型（3）分别用三种回归方法衡量产品密度与比较优势之间在产品转型初期的影响程度，模型（4）、模型（5）和模型（6）为转型产品生产规模扩大后影响程度。

表6.13 中国分产品比较优势与产品密度回归结果

	模型（1）	模型（2）	模型（3）	模型（4）	模型（5）	模型（6）
	OLS	One-way FE	LSDV	OLS	One-way FE	LSDV
$Y_{i,c,t-1}$	0.888*** (6.89)	0.467*** (5.41)	0.467*** (5.40)	0.705** (2.15)	0.484* (1.78)	0.306 (1.09)
$Y_{i,c,t-1}\times DENSITY_{i,c,t-1}$	0.181 (0.75)	0.572*** (3.12)	0.695*** (3.54)	0.597 (0.44)	0.364 (0.30)	1.236 (0.98)
$(1-Y_{i,c,t-1})\times DENSITY_{i,c,t-1}$	0.180 (1.42)	0.140 (1.19)	0.280** (2.10)	-0.468 (-0.72)	-0.025 (-0.05)	-0.047 (-0.09)

续表

	模型（1）	模型（2）	模型（3）	模型（4）	模型（5）	模型（6）
	OLS	One - way FE	LSDV	OLS	One - way FE	LSDV
$Y_{i,c,t-1}\times DENSITY^2_{i,c,t-1}$				-0.484 (-0.36)	-0.252 (-0.18)	-0.609 (-0.42)
$(1-Y_{i,c,t-1})\times DENSITY^2_{i,c,t-1}$				1.050 (0.89)	0.266 (0.34)	0.550 (0.67)
CONS	-0.033 (-0.80)	0.057 (1.48)	-0.091 (-1.35)	0.063 (0.74)	0.082 (0.98)	-0.048 (-0.50)
YEAR	NO	NO	YES	NO	NO	YES
COUNTRY	NO	YES	YES	NO	YES	YES
PRODUCT	NO	YES	YES	NO	YES	YES
R^2	0.443	0.446	0.854	0.442	0.446	0.855
N	1320	1320	1320	1320	1320	1320

注：*、**和***分别为10%、5%和1%的显著性水平；括号内为t值。

表6.13中模型（1）至模型（6）分别衡量不同产品的产品密度与产品比较优势关系的回归结果。模型（1）作为参照进行混合回归，考虑混合模型结果存有偏差，采用固定效应模型（2），通过控制国家和产品个体效应，（$Y_{i,c,t-1}$）和（$Y_{i,c,t-1}\times DENSITY_{i,c,t-1}$）交互项在1%水平上，对上期比较优势产品成为当期比较优势产品有显著正向影响，上期产品密度每增长1%，上期具有比较优势产品当期依然是比较优势产品的概率增长57.2%，而上期具有潜在比较优势产品，当期成为比较优势产品的概率无显著变化。模型（3）采用LSDV法分析上期具有比较优势产品和潜在比较优势产品，对当期成为比较优势产品的影响，（$Y_{i,c,t-1}$）和（$Y_{i,c,t-1}\times DENSITY_{i,c,t-1}$）交互项在1%水平上对当期成为比较优势产品有显著正向影响，由于产品密度是产品之间结构转换一个非常重要的决定因素，产品在转型初期，上期产品密度每增长1%，上期具有比较优势产品，当期依然成为比较优势产品的概率增长69.5%，而上期具有潜在比较优势产品，当期成为比较优势产品的概率增长28%。模型（5）和模型（6）中加入了产品密度二次项，结果有所差异。以模型（6）为例，产品转型初期，（$Y_{i,c,t-1}$）和（$Y_{i,c,t-1}\times DENSITY_{i,c,t-1}$）交互项表明，上期产品密度对当期成为比较优势产品有正向影响但不显著，而对［（$1-Y_{i,c,t-1}$）$\times DENSITY_{i,c,t-1}$］项有正向影响但不显著，即产品密度每增长1%，上期具有比较优势产品，当期成为比较优势产品的概率增加123%，上期具有潜在比较优势产品，当期成为比较优势产品的概率下降4.7%。

随着转型产品生产规模扩大，产品密度不断提高，产品密度每增长1%，上期具有比较优势产品，当期依然为比较优势产品的概率下降60.9%，而上期具有潜在比较优势产品，当期成为比较优势产品的概率显著提高55%，说明上期比较优势产品和潜在比较优势产品之间结构转换具有一定时效性。

6.5 “一带一路”沿线国家工业制成品产品空间与动态比较优势实证分析

由第3章分析可知，“一带一路”沿线国家贸易往来比较集中在工业制成品上，因此，研究工业制成品的产品密度对产品比较优势的影响意义重大（潘文卿、张伟，2001；金碚，2010；侯祥鹏，2013）。为了进一步研究工业制成品比较优势与产品密度的关系，按照《联合国国际贸易商品分类标准》，初级产品分为食品、饮料、农矿原料、动植物油脂和燃料五大类（SITC0 ~ SITC4），工业制成品是经过复杂加工的工业产品和商品，该类包括了SITC的后五大分类（SITC5 ~ SITC9），依次为化学成品及有关产品、按原料分类的制成品（轻纺产品、橡胶制品、矿冶产品等及其制品）、机械运输设备、杂项制品、未分类的商品。该部分主要对“一带一路”沿线主要国家的工业制成品比较优势与产品密度进行实证分析。

6.5.1 回归结果

从表6.14可以看出，“一带一路”沿线主要国家在工业制成品比较优势与产品密度关系与总体特征一致，个体固定效应回归（One - way FE）和LSDV回归结果基本一致，从模型（3）和模型（4）可以看出，上期比较优势和产品密度对当期产品比较优势分别在1%和10%水平上对当期比较优势呈显著正向和负向影响，随着转型产品生产规模扩大，上期产品密度对当期产品比较优势在10%水平上影响显著为正，从系数看，长期正向影响（13.5%和11.9%）明显大于在产品转型初期负向影响（4.5%和4.8%）。模型（5）和模型（6）中加入当期产品密度一次项和二次项，可以看出，当期产品密度在产品转型初期和转型产品生产规模扩大时期，都对当期产品比较优势有显著正向影响，而其他模型则在产品转型初期表现显著。具体回归结果如表6.14所示。

表 6.14 “一带一路”沿线国家工业制成品比较优势与产品密度回归结果

	模型（1）	模型（2）	模型（3）	模型（4）	模型（5）	模型（6）
	One - way FE	LSDV	One - way FE	LSDV	One - way FE	LSDV
$Y_{i,c,t-1}$	0.574***	0.574***	0.572***	0.573***	0.566***	0.562***
	(104.33)	(104.51)	(103.57)	(103.77)	(109.12)	(108.78)
$DENSITY_{i,c,t-1}$	0.049**	0.036*	-0.045*	-0.048*	-0.532***	-0.549***
	(2.49)	(1.78)	(-1.91)	(-1.94)	(-24.63)	(-25.49)
$DENSITY^2_{i,c,t-1}$			0.135**	0.119*	0.317*	0.338*
			(2.08)	(1.83)	(1.88)	(1.89)
$DENSITY_{i,c,t}$					0.544***	0.501***
					(54.32)	(10.31)
$DENSITY^2_{i,c,t}$					0.996***	0.930***
					(15.66)	(14.70)
CONS	0.096***	-0.015	0.109***	-0.005	-0.075***	0.019**
	(16.23)	(-0.34)	(12.53)	(-0.11)	(-11.74)	(2.07)
YEAR	NO	YES	NO	YES	NO	YES
COUNTRY	YES	YES	YES	YES	YES	YES
PRODUCT	YES	YES	YES	YES	YES	YES
R^2	0.337	0.816	0.337	0.814	0.411	0.816
N	26448	26448	26448	26448	26448	26448

注：*、**和***分别为10%、5%和1%的显著性水平；括号内为t值。

6.5.2 稳健性检验

表 6.15 是对“一带一路”沿线主要国家的工业制成品的产品密度和比较优势关系进行稳健性检验，将表 6.14 中代表当期比较优势指数的逻辑值（$Y_{i,c,t}$）因变量转换为当期 RCA 原值，上期（$Y_{i,c,t-1}$）变量换为上期 RCA 原值，重新对所有模型进行回归，回归结果如表 6.15 所示，其模型结果与表 6.14 回归结果基本一致。表 6.15 中上期 RCA 指数对当期 RCA 影响均在 1% 水平上显著为正，与上述基本回归结果结论一致。由模型（3）和模型（4）可知，上期产品密度与当期比较优势之间呈 U 形关系，与表 6.14 回归结果和系数符号方向一致，说明表 6.15 回归结果有效。模型（5）和模型（6）中加入了当前产品密度一次项和二次项，回归结果符号方向和原回归结果一致。进一步印证了“一带一路”沿线主要国家 66 种产品密度与产品比较优势之间呈显著的 U 形关系。

表 6.15 稳健性检验

	模型（1）	模型（2）	模型（3）	模型（4）	模型（5）	模型（6）
	One - way FE	LSDV	One - way FE	LSDV	One - way FE	LSDV
$RCA_{i,c,t-1}$	0.575*** (113.77)	0.574*** (113.69)	0.575*** (113.78)	0.574*** (113.70)	0.573*** (114.99)	0.573*** (114.98)
$DENSITY_{i,c,t-1}$	0.229*** (3.30)	0.269*** (3.79)	-0.053* (-1.79)	-0.016* (-1.89)	-0.572*** (-7.06)	-0.570*** (-7.03)
$DENSITY^2_{i,c,t-1}$			0.396* (1.85)	0.355* (1.87)	0.813* (1.88)	0.878* (1.93)
$DENSITY_{i,c,t}$					1.560*** (19.03)	1.609*** (8.48)
$DENSITY^2_{i,c,t}$					0.077 (0.33)	0.071 (0.29)
CONS	0.342*** (15.71)	-0.066 (-0.40)	0.382*** (11.81)	-0.035 (-0.21)	0.113*** (4.60)	0.106*** (3.03)
YEAR	NO	YES	NO	YES	NO	YES
COUNTRY	YES	YES	YES	YES	YES	YES
PRODUCT	YES	YES	YES	YES	YES	YES
R^2	0.347	0.893	0.347	0.893	0.360	0.893
N	26448	26448	26448	26448	26448	26448

注：*、**和***分别为10%、5%和1%的显著性水平；括号内为t值。

6.5.3 扩展方程回归

根据方程（6.4）和方程（6.5），对“一带一路”沿线主要国家的工业制成品的产品密度和比较优势关系做进一步研究，主要分析上期产品密度对当期产品成为比较优势产品和潜在比较优势产品影响程度。

表6.16中模型（1）至模型（4）分别衡量“一带一路”沿线主要国家在工业制成品上的产品密度与产品比较优势关系的回归结果。模型（1）和模型（2）上期（$Y_{i,c,t-1}$）和（$Y_{i,c,t-1} \times DENSITY_{i,c,t-1}$）交互项在1%和5%水平上，对当期产品成为比较优势产品有显著正向影响，上期产品密度每增长1%，上期具有比较优势产品，当期依然是比较优势产品的概率增长8.4%和7.5%，而上期具有潜在比较优势产品，当期成为比较优势产品的概率无显著变化。模型（3）和模

型（4）的固定效应回归和 LSDV 回归结果相似，以模型（4）为例，产品转型初期，（$Y_{i,c,t-1} \times DENSITY_{i,c,t-1}$）在 5% 水平上，上期产品密度对当期产品成为比较优势产品有显著正向影响，而［（$1-Y_{i,c,t-1}$）$\times DENSITY_{i,c,t-1}$］项在 5% 水平上显著为负，即上期产品密度每增长 1%，上期具有比较优势产品，成为当期比较优势产品的概率增长 27.1%，上期具有潜在比较优势产品，当期成为比较优势产品的概率下降 11.9%。随着转型产品生产规模扩大，产品密度每增长 1%，上期具有比较优势产品，当期依然为比较优势产品的概率下降 21.3%，而上期具有潜在比较优势产品，当期成为比较优势产品的概率显著提高 24.3%，比较优势和潜在优势产品交替快，说明“一带一路”沿线国家工业制成品更新变化快，进一步说明上期比较优势产品和潜在比较优势产品之间结构转换具有一定时效性。

表 6.16　“一带一路”沿线国家工业制成品比较优势与产品密度回归结果

	模型（1）	模型（2）	模型（3）	模型（4）
	One - way FE	LSDV	One - way FE	LSDV
$Y_{i,c,t-1}$	0.554*** (38.82)	0.551*** (38.59)	0.492*** (18.22)	0.495*** (18.36)
$Y_{i,c,t-1} \times DENSITY_{i,c,t-1}$	0.084*** (2.78)	0.075** (2.45)	0.288** (2.44)	0.271** (2.30)
$(1-Y_{i,c,t-1}) \times DENSITY_{i,c,t-1}$	0.035 (1.59)	0.019 (0.86)	-0.135** (-2.23)	-0.119** (-1.97)
$Y_{i,c,t-1} \times DENSITY^2_{i,c,t-1}$			-0.221* (-1.76)	-0.213* (-1.70)
$(1-Y_{i,c,t-1}) \times DENSITY^2_{i,c,t-1}$			0.295*** (3.14)	0.243** (2.57)
CONS	0.099*** (10.15)	-0.012 (-0.28)	0.118*** (12.83)	0.004 (0.09)
YEAR	NO	YES	NO	YES
COUNTRY	YES	YES	YES	YES
PRODUCT	YES	YES	YES	YES
R^2	0.777	0.816	0.777	0.818
N	26448	26448	26448	26448

注：*、** 和 *** 分别为 10%、5% 和 1% 的显著性水平；括号内为 t 值。

6.6 中国工业制成品产品空间与动态比较优势实证分析

通过对第3章分析，中国与“一带一路”沿线主要国家进出口商品结构可以看出，中国在工业制成品出口上占有一定比较优势，尤其是SITC5、SITC6和SITC7大类商品上出口表现明显，因此作为出口加工和制造业为主的中国，研究工业制成品产品密度和比较优势关系具有重要意义。

6.6.1 回归结果

表6.17和表6.18根据方程（6.1）和方程（6.2），采用固定效应回归和LSDV回归分别对各个相关变量进行回归，回归结果发现中国工业制成品比较优势与产品密度之间依然呈U形关系。模型（1）中上期产品比较优势对当期产品比较优势在1%水平上显著为正，产品尚未进入转型期，上期产品密度对当期产品比较优势影响显著为正，为23.6%。模型（2）在产品转型初期，上期产品密度对当期产品比较优势影响显著为负，为-38.5%，随着转型产品生产规模扩大，为显著正向影响，为89.8%。模型（3）和模型（4）表现出中国工业制成品比较优势与产品密度之间同样遵循这样的发展形态。

表6.17 中国工业制成品比较优势与产品密度回归结果（One-way FE）

	模型（1）	模型（2）	模型（3）	模型（4）
$Y_{i,c,t-1}$	0.574*** (18.00)	0.570*** (17.78)	0.571*** (18.84)	0.579*** (19.17)
$DENSITY_{i,c,t-1}$	0.236* (1.74)	-0.385* (-1.82)	-0.361** (-2.47)	-0.497*** (-3.32)
$DENSITY^2_{i,c,t-1}$		0.898* (1.82)		1.498** (2.02)
$DENSITY_{i,c,t}$			1.159*** (8.80)	0.558 (1.20)
$DENSITY^2_{i,c,t}$				2.748*** (3.93)

续表

	模型（1）	模型（2）	模型（3）	模型（4）
CONS	0.105 ** （2.28）	0.209 ** （2.17）	−0.083 * （−1.70）	0.199 ** （2.12）
YEAR	NO	NO	NO	NO
COUNTRY	YES	YES	YES	YES
PRODUCT	YES	YES	YES	YES
N	760	760	760	760
R^2	0.348	0.349	0.411	0.424

注：*、** 和 *** 分别为 10%、5% 和 1% 的显著性水平；括号内为 t 值。

表 6.18 根据方程（6.1）和方程（6.2），采用 LSDV 回归，结果发现中国工业制成品比较优势与产品密度之间依然呈 U 形关系。

表 6.18　中国工业制成品比较优势与产品密度回归结果（LSDV）

模型（1）	模型（2）	模型（3）	模型（4）	
$Y_{i,c,t-1}$	0.546 *** （16.40）	0.538 *** （15.99）	0.526 *** （16.42）	0.532 *** （16.61）
$DENSITY_{i,c,t-1}$	0.450 *** （3.01）	−0.310 ** （−1.98）	−0.162 （−0.99）	−0.300 * （−1.84）
$DENSITY^2_{i,c,t-1}$		1.120 * （1.79）		1.147 （1.50）
$DENSITY_{i,c,t}$			1.253 *** （7.83）	0.591 （1.20）
$DENSITY^2_{i,c,t}$				2.906 *** （4.02）
CONS	−0.215 *** （−2.68）	−0.093 （−0.81）	−0.422 *** （−5.19）	−0.195 （−1.44）
YEAR	YES	YES	YES	YES
COUNTRY	YES	YES	YES	YES
PRODUCT	YES	YES	YES	YES
N	760	760	760	760
R^2	0.845	0.845	0.857	0.860

注：*、** 和 *** 分别为 10%、5% 和 1% 的显著性水平；括号内为 t 值。

6.6.2 稳健性检验

对中国工业制成品的产品密度和比较优势关系进行稳健性检验，将表6.18中代表当期比较优势指数的逻辑值（$Y_{i,c,t}$）因变量换为当期RCA原值，上期（$Y_{i,c,t-1}$）变量换为上期RCA原值，重新对所有模型进行回归。为了便于比较，表6.19将按照固定效应回归（FE）分析中国工业制成品密度与比较优势关系，结果发现上期产品密度对当期产品比较优势影响效果显著，影响值较大，两者呈U形关系，进一步印证了上述结论。

表6.19 稳健性检验（One-way FE）

	模型（1）	模型（2）	模型（3）	模型（4）
$RCA_{i,c,t-1}$	0.878*** (53.25)	0.880*** (53.81)	0.878*** (54.42)	0.880*** (54.55)
$DENSITY_{i,c,t-1}$	0.166 (1.55)	-1.360*** (-3.18)	-0.169 (-1.41)	-1.059** (-2.46)
$DENSITY^2_{i,c,t-1}$		2.185*** (3.68)		1.283** (2.05)
$DENSITY_{i,c,t}$			0.645*** (5.81)	0.292 (0.74)
$DENSITY^2_{i,c,t}$				0.448 (0.75)
CONS	0.087** (2.15)	0.338*** (4.27)	-0.017 (-0.38)	0.193* (1.95)
YEAR	NO	NO	NO	NO
COUNTRY	YES	YES	YES	YES
PRODUCT	YES	YES	YES	YES
N	760	760	760	760
R^2	0.802	0.806	0.811	0.813

注：*、**和***分别为10%、5%和1%的显著性水平；括号内为t值。

表6.20是采用LSDV法进行稳健性检验，回归结果与FE基本类似，中国工业制成品上期产品密度对当期产品比较优势影响效果显著，影响较大，二者呈U形关系。

表6.20　稳健性检验（LSDV）

	模型（1）	模型（2）	模型（3）	模型（4）
$RCA_{i,c,t-1}$	0.880*** （54.78）	0.881*** （55.27）	0.879*** （54.89）	0.882*** （55.19）
$DENSITY_{i,c,t-1}$	0.207* （1.84）	−1.185*** （−2.80）	−0.062 （−0.47）	−1.073** （−2.48）
$DENSITY^2_{i,c,t-1}$		2.013*** （3.41）		1.675*** （2.64）
$DENSITY_{i,c,t}$			0.283** （2.13）	0.125 （0.30）
$DENSITY^2_{i,c,t}$				0.473 （0.78）
CONS	0.001 （0.01）	0.229** （2.53）	−0.043 （−0.66）	0.221* （1.96）
YEAR	YES	YES	YES	YES
COUNTRY	YES	YES	YES	YES
PRODUCT	YES	YES	YES	YES
N	760	760	760	760
R^2	0.982	0.982	0.982	0.982

注：*、**和***分别为10%、5%和1%的显著性水平；括号内为t值。

6.6.3　扩展方程回归

根据方程（6.4）和方程（6.5），对中国工业制成品的产品密度和比较优势关系进一步研究，分析上期产品密度对当期产品成为比较优势产品和潜在比较优势产品影响是否显著以及影响程度。

表6.21中模型（1）至模型（4）分别表示中国在工业制成品上的产品密度与产品比较优势关系的回归结果。模型（1）和模型（2）中（$Y_{i,c,t-1}$）和（$Y_{i,c,t-1} \times DENSITY_{i,c,t-1}$）交互项在1%和5%水平上，上期产品密度对当期比较优势产品有显著正向影响，即上期产品密度每增长1%，上期具有比较优势产品，当期依然是比较优势产品的概率增长56.9%和92.5%，而对上期具有潜在比较优势产品，当期成为比较优势产品的概率无显著变化。模型（3）和模型（4）的固定效应回归和LSDV回归结果相似，上期产品密度对当期产品比较优势影响不显著，以模型（4）为例，产品转型初期，（$Y_{i,c,t-1} \times DENSITY_{i,c,t-1}$）上期

产品密度对当期成为比较优势产品有正向影响但不显著，而对［（$1-Y_{i,c,t-1}$）× $DENSITY_{i,c,t-1}$］项的影响为正但不显著，即上期产品密度每增长1%，上期具有比较优势产品，成为当期比较优势产品的概率增长116%，上期具有潜在比较优势产品，当期成为比较优势产品的概率增长4.1%。随着转型产品生产规模扩大，上期产品密度每增长1%，上期具有比较优势产品，当期依然为比较优势产品影响概率下降26.6%，而上期具有潜在比较优势产品，当期成为比较优势产品的概率上升27.3%，说明上期比较优势产品和潜在比较优势产品在产品转型初期，受上期产品密度影响较大，工业制成品受技术和知识更新换代影响较大，企业只有保持不断的研发和创新能力，才能维持工业制成品长期的比较优势。考察整个产品转型期，即模型（3）和模型（4），中国工业制成品结果与“一带一路”沿线国家类似，说明工业制成品受技术水平影响较大，当期产品在比较优势产品和潜在比较优势产品之间转换非常快。

表6.21 中国工业制成品分产品比较优势与产品密度回归结果

	模型（1）	模型（2）	模型（3）	模型（4）
	One - way FE	LSDV	One - way FE	LSDV
$Y_{i,c,t-1}$	0.370*** (3.27)	0.265** (2.25)	0.646* (1.96)	0.191 (0.56)
$Y_{i,c,t-1} \times DENSITY_{i,c,t-1}$	0.569** (2.56)	0.925*** (3.83)	0.643 (0.44)	1.163 (0.78)
$(1-Y_{i,c,t-1}) \times DENSITY_{i,c,t-1}$	0.035 (0.21)	0.206 (1.15)	0.235 (0.35)	0.041 (0.06)
$Y_{i,c,t-1} \times DENSITY^2_{i,c,t-1}$			-1.419 (-0.83)	-0.266 (-0.15)
$(1-Y_{i,c,t-1}) \times DENSITY^2_{i,c,t-1}$			0.322 (0.31)	0.273 (0.26)
CONS	0.173*** (2.96)	-0.135 (-1.57)	0.144 (1.33)	-0.113 (-0.92)
YEAR	NO	YES	NO	YES
COUNTRY	YES	YES	YES	YES
PRODUCT	YES	YES	YES	YES
N	760	760	760	760
R^2	0.351	0.846	0.352	0.846

注：*、**和***分别为10%、5%和1%的显著性水平；括号内为t值。

6.7 内生性检验

由于系统 GMM 和差分 GMM 是做连续时间回归，该部分仅考察“一带一路”沿线35个国家1996~2017年66种产品总体比较优势与产品密度的关系，其余三种情况回归结果类似，不再赘述。

“一带一路”沿线主要35个国家22年66种 SITC-2 位码商品，N 大于 T，属于短面板数据，可以使用动态面板数据进行回归，采用差分 GMM 和系统 GMM 是很好的选择，可以消除国家固定效应及异方差（Roodman，2006）。由于 GMM 命令需要设置本期及其滞后期数据，使用连续时间变量作为自变量出现在方程中，这与基本方程设定有所不同，因此不作为主要研究方程，仅以此法作为对照参考。

表6.22考察“一带一路”沿线35个国家1996~2017年66种商品密度与比较优势（RCA 由0和1逻辑值 $Y_{i,c,t}$ 变量表示）的关系，其他部分依然采用 FE 和 LSDV 进行回归。Bundell 和 Bond（1998）将差分 GMM 和水平 GMM 结合在一起，将差分方程和水平方程作为一个方程系统进行 GMM 估计，称为“系统 GMM”。使用系统 GMM 的前提，一是扰动项不存在自相关；二是因变量滞后期各变化值与个体效应不相关，这个前提目前无法进行严格统计检验。表中模型（1）至模型（3）为系统 GMM 回归结果，模型（4）至模型（6）为差分 GMM 回归结果，（L.）表示滞后一期，AR（2）为扰动项的差分不存在二阶自相关，故接受原假设“扰动项无自相关”，可以使用差分 GMM，Hansen test 接受原假设“所有工具变量均有效”。

表6.22 “一带一路”沿线国家产品比较优势与产品密度 GMM 回归

	模型（1）	模型（2）	模型（3）	模型（4）	模型（5）	模型（6）
	SYS GMM	SYS GMM	SYS GMM	DIFF GMM	DIFF GMM	DIFF GMM
L. $Y_{i,c,t}$	0.459***	0.456***	0.452***	0.374***	0.375***	0.378***
	(21.69)	(20.70)	(20.96)	(0.024)	(0.020)	(0.023)

续表

	模型（1）	模型（2）	模型（3）	模型（4）	模型（5）	模型（6）
	SYS GMM	*SYS GMM*	*SYS GMM*	*DIFF GMM*	*DIFF GMM*	*DIFF GMM*
L. $DENSITY_{i,c,t}$	-0.579***	-0.291***	-0.557***	-0.255	-0.226**	-0.688**
	(-6.21)	(-5.50)	(-2.77)	(-0.16)	(-2.06)	(-2.35)
L. $DENSITY^2_{i,c,t}$			0.148**			0.514**
			(2.07)			(2.39)
$DENSITY_{i,c,t}$	0.919***	0.729***	0.556***	0.776	0.691	0.197
	(10.44)	(9.75)	(2.71)	(0.09)	(0.07)	(0.27)
$DENSITY^2_{i,c,t}$			0.551**			1.220
			(2.09)			(0.33)
CONS	0.040**	0.006	0.062***	0.011	0.028	0.239
	(2.03)	(0.43)	(2.76)	(0.04)	(0.02)	(0.07)
N	45738	45738	45738	43362	43362	43362
AR（2）	0.276	0.273	0.272	0.343	0.391	0.413
Hansen test	65.27	65.27	142.69	141.21	65.27	224.25

注：*、**和***分别为10%、5%和1%的显著性水平；括号内为标准差。

在系统GMM回归中，产品转型初期，当期产品比较优势受到上期产品比较优势影响，在1%水平上显著为正，在1%水平上与当期产品密度的影响显著为正，与上期产品密度影响显著为负，也就是说当期产品RCA在转型初期，受上期和当期产品密度影响较为显著，随着转型产品生产规模扩大，当期产品密度和上期产品密度都对当期产品RCA有正向影响，只是当期产品密度比上期产品密度影响显著。因此各个国家可以根据本国产品密度大小合理地调整比较优势产品发展顺序。总体来说，系统GMM回归结果与差分GMM回归结果基本相似，对产品比较优势的影响比较接近。

表6.22对“一带一路”沿线国家产品空间与动态比较优势关系进行GMM回归，GMM回归可以很好地解决内生性问题。对于中国产品空间与动态比较优势关系、“一带一路”沿线国家工业制成品产品空间与动态比较优势关系、中国工业制成品产品空间与动态比较优势关系，运用GMM进行回归的结果与表6.22基本一致。对于产品比较优势和产品密度关系的内生性问题，主要考虑到文中所选取的自变量均为滞后一期，在一定程度上减弱了与因变量之间的内生性问题。

回归结果得出产品密度对产品比较优势有显著影响，由于产品密度是产品之间结构转换一个非常重要的决定因素，产品密度是基于产品邻近性（相似性）公式计算得出，产品邻近性越大即产品相似度也越大，产品之间差异性就越小，产品邻近性与产品距离是反向关系，产品之间距离越小。由于相似产品在生产工艺、生产要素和技术方面具有一定相似性，生产出相似产品的数量越多，产品之间距离也越近，产品密度也越大，该产品周围聚集的具有比较优势产品可能性越大，通过吸收和学习周围聚集比较优势产品技术扩散和知识转移带来的好处，使得该产品下期成为比较优势产品的可能性提高，因此产品密度对产品比较优势影响显著。反之，产品比较优势对产品密度影响较小，一是因为影响一种产品成为比较优势产品的因素很多，与市场需求、生产结构、技术水平以及企业生产目标等综合因素有关；二是产品之间具有一定差异性，差异大小构成产品之间距离的远近，产品之间距离与产品属性和产品特征有关，产品密度的测算与产品邻近性（相似性）即距离有关，即产品密度因为产品之间距离（产品属性）有差异而不同，其大小由产品内在固有属性决定，因此产品比较优势对产品密度影响很小，反向因果关系并不成立，模型中采用产品密度滞后项作为关键解释变量进一步消除了因果互逆关系。关于遗漏变量问题，Hausmann 和 Klinger（2007）与以往研究不同，从产品视角出发提出产品空间理论，认为产品是一国或地区各种要素禀赋和生产结构与能力的最终载体，产品本身已经包含了构成产品所需的各种要素，将产品作为研究对象分析产品密度和产品比较优势关系，较好地克服了遗漏变量问题。因此，本书认为产品密度和产品比较优势之间内生性问题很小。运用产品空间理论，对于一国或地区加快培育竞争新优势，对于企业有针对性地进行产品转型和升级以及转变生产方式，有目的地培育潜在比较优势产品有重要意义。

6.8 本章小结

本章根据产品空间理论，采用1996~2017年“一带一路”沿线35个国家66种产品的显示性比较优势（RCA）指数和产品密度指标，运用固定效应回归（FE）和虚拟变量最小二乘回归（LSDV）法分析产品空间与动态比较优势之间关系。

（1）“一带一路”沿线国家产品空间与动态比较优势实证分析。通过实证分析发现二者呈U形关系，上期产品密度在短期内对当期产品比较优势影响显著为负，但长期看则对当期产品比较优势影响显著为正。为了进一步研究产品密度和比较优势的关系，在基础方程上加入当期产品密度指标，衡量上期产品密度和当期产品密度对当期产品比较优势的影响，发现产品密度与产品比较优势之间依然呈U形关系，进一步验证了产品密度对产品比较优势的影响是动态变化的。考虑到上述回归未能区分上期比较优势产品和潜在比较优势产品，在当期是否有变化，即上期是比较优势产品，当期是否依然是比较优势产品，以及上期是潜在比较优势产品下期转变成为比较优势产品的可能性，即这种动态过程并未详细区分，本章采用上期比较优势产品和上期潜在比较优势产品进行说明。结果发现，产品转型初期，上期产品密度对当期产品成为比较优势产品有显著正向影响，上期产品密度每增长1%，上期具有比较优势产品，当期成为比较优势产品的概率增长20.1%，上期具有潜在比较优势产品，当期成为比较优势产品的概率下降14.6%。但随着转型产品生产规模扩大，上期产品密度不断提高，上期产品密度每增长1%，上期具有比较优势产品，当期依然为比较优势产品的概率下降14.4%，而上期具有潜在比较优势产品，当期成为比较优势产品的概率显著提高26.7%，说明一种产品不可能长期处于比较优势地位，上期比较优势产品和潜在比较优势产品之间结构转换具有一定时效性。

（2）中国产品空间与动态比较优势实证分析。通过实证分析发现，中国66种产品密度与产品比较优势之间呈U形关系，短期内上期产品比较优势对当期产品比较优势具有正向显著影响，上期产品密度对当期产品比较优势影响显著为负，长期看影响显著为正。扩展方程发现，产品转型初期，上期产品密度对当期产品成为比较优势产品有正向影响但不显著，而对上期潜在比较优势产品有负向影响但不显著，即上期产品密度每增长1%，上期具有比较优势产品，当期成为比较优势产品的概率增长123%，上期具有潜在比较优势产品，当期成为比较优势产品的概率下降4.7%。随着转型产品生产规模扩大，上期产品密度不断提高，上期具有比较优势产品，当期依然为比较优势产品的概率下降60.9%，而上期具有潜在比较优势产品，当期成为比较优势产品的概率显著提高55%，说明上期比较优势产品和潜在比较优势产品之间结构转换具有一定时效性，并非一成不变。

（3）“一带一路”沿线国家工业制成品产品空间与动态比较优势实证分析。该部分主要考虑到“一带一路”沿线国家贸易往来主要集中在工业制成品上，实证分析发现，上期产品比较优势和产品密度对当期产品比较优势呈显著正向和负向影响，长期看上期产品密度对当期产品比较优势影响显著为正，且正向影响明显大于短期的负向影响。当加入当期产品密度一次项和二次项后，发现上期产品密度在转型初期和转型后期，都对当期产品比较优势有显著正向影响，二者呈U形关系。产品转型初期，上期产品密度对当期产品成为比较优势产品有显著正向影响，而对于上期具有潜在比较优势产品，当期成为比较优势产品的影响较小。随着转型产品生产规模扩大，上期产品密度每增长1%，上期具有比较优势产品，当期依然为比较优势产品的概率下降21.3%，而上期具有潜在比较优势产品，当期成为比较优势产品的概率显著提高24.3%，进一步说明上期比较优势产品和潜在比较优势产品之间结构转换具有一定时效性。

（4）中国工业制成品产品空间与动态比较优势实证分析。中国在工业制成品出口上占有一定比较优势，研究工业制成品产品密度和比较优势关系非常有意义。回归结果发现，中国工业制成品比较优势与产品密度之间依然呈U形关系，上期产品比较优势对当期产品比较优势影响显著为正，短期内上期产品密度对当期产品比较优势影响显著为负，长期则为显著正向影响。产品转型初期，上期产品密度对当期成为比较优势产品有正向影响但不显著，而对潜在比较优势产品的影响为正但不显著。随着转型产品生产规模扩大，上期产品密度每增长1%，上期具有比较优势产品，当期依然为比较优势产品的概率下降26.6%，而上期具有潜在比较优势产品，当期成为比较优势产品的概率上升27.3%，说明上期比较优势产品和潜在比较优势产品之间结构在短期内受上期产品密度影响较大，工业制成品受技术和知识更新换代影响较大，企业只有保持不断的研发和创新能力，才能维持工业制成品长期的比较优势。

综上所述，考虑到产品密度大小决定某一种产品周围聚集比较优势产品程度的高低，短期内聚集在该产品周围的比较优势产品对该产品影响不大，但随着技术进步和知识的不断外溢与扩散，该产品能从周围聚集的比较优势产品上吸收先进的技术知识和经验，从而为该产品成为下期比较优势产品提供了可能性。因此有针对性地进行产品升级或转变生产方式（盛朝迅，2012），以及有目的性地培育潜在比较优势产品，对当期产品将来成为比较优势产品有较大影响和指导意义。

第7章　结论与政策建议

7.1　研究结论

本书重点阐述了“一带一路”沿线国家产品空间和产品比较优势动态发展过程和相关关系，并从产品空间视角对比较优势的影响进行了实证分析，主要得出以下结论：

7.1.1　“一带一路”沿线国家贸易及动态比较优势分析

（1）中国近年来对外贸易发展势头强劲。2008年金融危机后，中国对外贸易呈现快速增长势头，成为全球第一大贸易出口国，在2013年首次超越美国，成为世界第一大货物贸易国。2015年和2016年中国贸易出现下滑是由全球经济低迷、汇率波动等综合因素造成的，说明中国依靠低成本发展外贸的时代已经结束了，中国在国际市场上目前处于产品结构转换过程中，也就是说以前拥有的传统竞争优势产品已缺乏竞争力，不足以与市场上有竞争力的产品相抗衡，需要寻找新的比较优势产品，而这种新的比较优势产品的选择与培育仍需要时间。因此，当前中国主要进出口工业制成品，初级产品相对较少。

（2）中国与“一带一路”沿线国家贸易发展势头良好，中国与“一带一路”沿线国家贸易主要集中在部分东南亚国家和南亚的印度，西亚的阿联酋、阿曼以及俄罗斯。进口国主要是马来西亚、泰国、沙特阿拉伯和俄罗斯，而从新加坡进口则逐年下降，近几年出口国主要是印度、越南、俄罗斯、马来西亚和新加坡。从“一带一路”沿线国家的进口商品看，原料类产品和一些技术含量较高的产品是中国主要的进口商品类型，目前主要是以初级产品为主。出口国和进口国主要是与中国经济发展和产业结构以及比较优势产品有关系的国家。

（3）“一带一路”沿线主要国家比较优势动态分析，主要通过出口技术复杂度指标进行分析。总体上看，中国在出口工业制成品复杂度明显比出口初级产品复杂度要高。随着时间推移中国出口工业制成品与出口初级产品差距不断拉大，说明中国出口产品由主要出口初级产品向工业制成品的转变。“一带一路”国家中俄罗斯、哈萨克斯坦、印度等国家出口比较优势产品的增长空间很大。因此，一国（地区）的出口技术复杂度的快速提高与一国（地区）某一行业积极从事国际垂直专业化分工密不可分，国际垂直专业化分工的深化对一国（地区）出口商品结构的快速提升发挥了重要作用。

7.1.2 产品空间对动态比较优势作用的机理分析

首先，对产品空间动态比较优势作用的机理进行分析。其次，对比较优势和产品距离的测算方法进行分析，对于产品邻近性（或相似性）的计算，采用Hausmann和Klinger（2007）的方法，产品邻近程度$\varphi_{i,j,t}$为分别计算一国（地区）在i产品和j产品同时具有比较优势的条件概率，并取最小值。最后，对产品空间分布与比较优势变动的关系进行分析，产品中心度和产品密度是基于RCA指数进行分析，产品中心度是根据产品间的邻近程度矩阵表示，该矩阵表明该产品与其他产品联系程度。产品密度是衡量潜在比较优势产品与当期具有比较优势产品的关联密度，是产品间转换的决定因素。

7.1.3 “一带一路”沿线国家贸易产品空间的构建与演变趋势分析

（1）从1995～2017年“一带一路”沿线国家显示性比较优势（RCA）指数对比可以看出，20多年来，各国RCA指数变化明显，有的国家比较优势产品依然存在，有的国家比较优势产品有波动，有的国家比较优势产品已变成比较劣势产品，有的国家则相反，因此一国（地区）比较优势产品并非一成不变。

（2）“一带一路”沿线国家中的中国在SITC0、SITC2、SITC6和SITC8大类产品上的中心度相对于其他产品要高，产品空间表现较为紧密和集中，而与其他几类产品较为疏远，说明产品空间分布与产品中心度和产品属性与特征有关。

（3）对于产品密度分析，各国20年间有些产品密度波动较大，但绝大多数产品密度差异不大，总体上看，有些国家整体上所有产品密度有增加或减少，但总体趋势变化不大。所以需要根据一国（地区）特有的资源禀赋和生产技术等生产要素的投入，发挥自身比较优势进行专业化分工和生产。

（4）产品空间结构对产品比较优势变动起着重要作用，对于一国（地区）

的企业，根据市场需求和企业发展目标有针对性地进行产品转型和生产结构转变意义重大。对于中国2017年在SITC6、SITC7和SITC8大类产品上密度较高，中国未来产业主要集中在处于产品空间核心区域的工业制品上，比如73（金工机械）、74（工业机械设备）、75（办公用机械设备）和76（电信及通信设备）、83（旅行用品及类似品）、85（鞋靴）和88（摄影器材）等，这些产品密度较高且集中，未来成为比较优势产品的可能性较高。印度在83（旅行用品及类似品）、84（服装及衣着附件）、85（鞋靴）和89（杂项制品），初级产品中01（肉及肉制品）、03（软体动物及制品）、04（谷物及制品）、05（蔬菜及水果）和06（糖及制品）以及29（其他动植物原料）、26（纺织纤维）和27（天然肥料及矿物）等产品密度较高且集中在核心区域，印度应该重点培育这些潜在比较优势产品。

7.1.4 中国与“一带一路”沿线国家产品空间与动态比较优势的实证分析

为了验证产品密度与产品比较优势的动态关系，根据产品空间理论，采用1996～2017年“一带一路”沿线35个国家66种产品的比较优势指数和产品密度指标，运用固定效应回归（FE）和虚拟变量最小二乘回归（LSDV）法分析产品空间与动态比较优势之间关系。主要包括对“一带一路”沿线国家产品空间与动态比较优势实证分析，中国产品空间与动态比较优势实证分析，“一带一路”沿线国家工业制成品产品空间与动态比较优势实证分析，以及中国工业制成品产品空间与动态比较优势实证分析。主要结论如下：

(1)“一带一路”沿线国家产品空间与动态比较优势实证分析。通过实证分析发现二者呈U形关系，上期产品密度在短期内对当期产品比较优势影响显著为负，但长期看则对当期产品比较优势影响显著为正。为了进一步研究产品密度和比较优势的关系，在基础方程上加入当期产品密度指标，发现产品密度与产品比较优势之间呈U形关系，进一步验证了产品密度对产品比较优势的影响是动态变化的。由于上述回归未能区分上期比较优势产品和潜在比较优势产品，在当期是否有变化，即产品比较优势的动态变化过程，本书采用上期比较优势产品和上期潜在比较优势产品进行说明。结果发现，产品转型初期，上期产品密度对当期产品成为比较优势产品有显著正向影响，而上期具有潜在比较优势产品成为当期比较优势产品的影响为负。随着转型产品生产规模扩大，上期产品密度不断提高，上期产品密度对上期具有比较优势产品，在当期依然为比较优势产品的可能性下降，而对上期具有潜在比较优势产品，在当期成为比较优势产品的可能性提高。

（2）中国产品空间与动态比较优势实证分析。通过实证分析发现，中国66种产品密度与产品比较优势之间呈U形关系，产品转型初期，上期产品比较优势对当期产品比较优势具有正向显著影响，上期产品密度对当期产品比较优势影响显著为负，长期看影响显著为正。扩展方程发现，产品转型初期，上期产品密度对当期成为比较优势产品有正向影响但不显著，而对上期潜在比较优势产品有负向影响但不显著。随着转型产品生产规模扩大，上期产品密度不断提高，上期具有比较优势产品，在当期依然为比较优势产品的概率下降，而上期具有潜在比较优势产品，在当期成为比较优势产品的概率显著提高，说明上期比较优势产品和潜在比较优势产品之间结构转换具有一定时效性，并非一成不变。

（3）"一带一路"沿线国家工业制成品产品空间与动态比较优势实证分析。实证分析发现，上期产品比较优势和产品密度对当期产品比较优势呈显著正向和负向影响，长期看上期产品密度对当期产品比较优势影响显著为正，且正向影响明显大于短期的负向影响。加入当期产品密度一次项和二次项后，发现当期产品密度短期和长期都对当期产品比较优势有显著正向影响，二者呈U形关系。产品转型初期，上期产品密度对当期成为比较优势产品有显著正向影响，而对上期具有潜在比较优势产品，成为当期比较优势产品的影响较小。随着转型产品生产规模扩大，产品密度增加，上期具有比较优势产品，当期依然为比较优势产品的概率下降，上期具有潜在比较优势产品，当期成为比较优势产品的概率显著提高，进一步说明上期比较优势产品和潜在比较优势产品之间结构转换具有一定的时效性。

（4）中国工业制成品产品空间与动态比较优势实证分析。该部分分析主要考虑中国在工业制成品出口上占有一定比较优势，回归结果发现，中国工业制成品比较优势与产品密度之间呈U形关系。上期产品比较优势对当期产品比较优势影响显著为正，短期内上期产品密度对当期产品比较优势影响显著为负，长期则为显著正向影响。产品转型初期，上期产品密度对当期成为比较优势产品有正向影响但不显著，而对上期潜在比较优势产品的影响为正但不显著。随着转型产品生产规模扩大，上期产品密度增加，上期具有比较优势产品，在当期依然为比较优势产品的概率下降，而上期具有潜在比较优势产品，在当期成为比较优势产品的概率上升，说明上期比较优势产品和潜在比较优势产品之间结构转变，在短期内受产品密度影响较大，也说明工业制成品受技术和知识更新换代影响较深。

7.2 启示与政策建议

7.2.1 启示

通过对“一带一路”沿线国家产品空间结构和比较优势的动态研究，发现产品空间与产品比较优势之间关系密切。而衡量产品空间的最重要指标是产品密度，产品密度是产品比较优势动态变化的重要因素，对其变动和发展起着重要作用，影响着产品比较优势的变化规律（石奇、孔群喜，2012）。基于产品空间视角考察一国（地区）产品结构转换和培育潜在比较优势产品，以及产业结构转变和升级方面有重要意义。

（1）基于产品空间角度研究产品比较优势动态变化，发现“一带一路”沿线国家产品空间分布不均。一部分产品处于整个产品空间的密集区域，而另一部分产品则处于产品空间的稀疏区域，还有部分产品处于两者之间的区域。造成产品空间分布不均的原因是构成这些产品最基本的生产要素投入有差异，最终导致产品间聚集程度不同，即产品密度分布不均，产生了产品之间距离的远近。产品空间分布结构对比较优势变动有重要影响，产品密度高对产品比较优势的变动具有积极影响，距离具有比较优势产品集合越近的产品，越容易实现向比较优势产品的转变。产品空间结构主要影响着产品比较优势动态变化，通过这一内在规律，可以有目的地培育比较优势产品和潜在比较优势产品，并制定相应的扶持政策，加快形成比较优势产品核心区域，运用这种内在规律有助于更快地选择出比较优势产品和各国培育最优产品的先后顺序。

（2）产品密度越高，该产品所在高密度区域一般聚集着相同大类的相似产品，聚集具有比较优势的相似产品可能性较高。实证结果发现，产品密度与产品比较优势之间呈 U 形关系，即产品转型初期，由于同类产品或相似产品之间存在一定竞争性和替代性，产品密度对该产品下期成为比较优势产品影响不大或负向影响。随着转型产品生产规模不断扩大，该产品不断吸收和学习周围聚集具有比较优势的相似产品带来技术和知识扩散的好处，使得该产品下期成为比较优势产品可能性提高，因此产品密度对该产品下期成为比较优势产品影响显著为正，距离当期比较优势产品越近的产品越容易成为下期比较优势产品。

（3）进一步将产品分为比较优势产品和潜在比较优势产品，考察产品密度对产品比较优势的影响程度。由于产品之间结构转换具有一定时效性，产品密度与产品比较优势之间呈U形关系，在产品转型初期，上期具有比较优势产品，在当期可能依然是比较优势产品，随着转型产品生产规模扩大，上期具有比较优势产品在当期则不一定具有比较优势。而对于上期具有潜在比较优势产品，产品转型初期，该产品成为比较优势产品的概率较低，长期看成为比较优势产品的概率较高。因此一种产品不可能长期处于比较优势或比较劣势状态，随着技术水平和知识的提高和扩散，以及生产结构的转换，当期产品可能由比较优势产品转变为比较劣势产品，而一些潜在比较优势产品可能成为比较优势产品。

7.2.2　政策建议

由于比较优势的内生性和产品空间高度异质性与不连续性，给政府决策和企业发展留有较大的操作空间。根据"一带一路"沿线主要国家的出口产品情况，以及比较优势产品动态发展规律，倒逼"一带一路"沿线国家政府部门和企业在产业结构和产品结构方面进行有益的改革和创新。

（1）根据产品空间结构，能够确定出核心区域和稀疏区域的产品，有目的地选择和培育潜在比较优势产品。在核心区域范围内，比较优势产品周围可能聚集较多的潜在比较优势产品，通过产品密度值排序，可以区分出当期具有比较优势产品和潜在比较优势产品。对于"一带一路"沿线国家，按照产品密度值大小排序，优先选择和培育产品密度较高的产品，因为这些产品是潜在比较优势产品，下期成为比较优势产品的可能性较大，应予以重点考察和关注。

（2）根据产品空间与产品比较优势之间呈U形关系，进一步明确具有比较优势产品和潜在比较优势产品发展趋势。对于上期具有比较优势的产品，在产品转型初期，该类产品在当期可能依然是比较优势产品，因此生产企业对于当期具有比较优势产品，应继续扩大生产规模和出口，做好其生产和服务工作，使该类产品能够保持较长时期的比较优势状态。随着转型产品生产规模不断扩大，上期具有比较优势的产品，在当期不一定还具有比较优势，若比较优势产品失势，应及时转变生产目标和生产结构，合理布局生产规模，积极培育和组织其他潜在比较优势产品的生产（耿伟，2007；伏玉林、胡尊芳，2017），直至该类产品逐渐成为比较劣势产品甚至被淘汰。而对于上期具有潜在比较优势产品，在产品转型初期，该类产品成为比较优势产品的概率较低，随着生产规模扩大，该类产品成为比较优势产品的概率较高，因此生产企业应该重点培育潜在比较优势产品，积极做好生产准备，合理组织生产，为其成为比较优势产品提供基础条件，保持企业生产的连续性。

（3）通过产品空间和比较优势动态发展规律，合理布局产品结构和产业结构。一般来说，产品集聚到一定程度可形成产业，对于政府部门，根据产品空间稀疏区域和核心区域的产品特征，确定产业分布状况，发挥具有比较优势产品和产业特征，进行产品结构转型和产业结构升级，淘汰落后产能，制定合理的调整产品结构和产业结构政策（陈钊、熊瑞祥，2015）。考虑到“一带一路”沿线部分国家的基础设施薄弱，营商环境不佳，部分沿线国家没有特别突出的具有比较优势的要素禀赋，不具备比较优势产品的生产和出口以及制定切实可行的产业政策，长此以往，经济和贸易发展将始终停滞不前。因此，对于部分经济落后的“一带一路”沿线国家，尤其是缺乏先天自然禀赋和后天生产条件的国家，一是积极响应“一带一路”倡议带来的优惠政策和措施，利用亚投行对“一带一路”沿线国家提供资金支持，发展本国基础设施建设，逐步完善营商环境。二是积极加强和深入与“一带一路”沿线其他国家交流和合作，互通有无，加强政治互信，沿线国家之间贸易互补性较强，不断利用沿线国家比较优势产品和产业发展本国经济，制定符合本国经济贸易发展的优惠政策和措施，吸引和鼓励外商投资。三是加强基础教育，人力资本是长期的无形资产，是创新的原动力，是一国（地区）经济贸易发展的核心竞争力，“一带一路”沿线国家应重视人才的培养和投入。四是加强互联互通，增强各国之间的信任和交流。作为“一带一路”倡议的提出者和倡导者，中国作为负责任的大国，积极努力参与对沿线部分国家的基础设施建设与援助，对沿线国家经济贸易发展都有切实的帮助。这些举措有利于沿线国家发展本国经济和提高生产力，促使沿线国家尽快找到具有比较优势的产品和产业，合理布局产品结构和产业结构。

（4）一国（地区）根据自身资源和条件，以及现有产品状况开展多元化生产和服务，发展比较优势产品生产和扶持潜在比较优势产品发展，使其经济发展始终与优势产品和产业关联。“一带一路”沿线各国的经济发展水平严重不平衡，不同国家在不同阶段可能具有不同的生产结构。产品空间像一只看不见的手，对产品结构和市场结构转变起着引导和调节作用。一些国家（地区）大部分产品聚集在产品空间核心区域，这些国家（地区）实现产品结构转变较为容易，可以根据核心区域产品之间的关联程度，积极发现和发展具有比较优势的新产品，主动促进市场结构转变和持续发展。但对于大部分产品处于产品空间稀疏区域的国家（地区），仅仅依靠自身资源和经济实力进行产业结构和产品结构转

变很难实现。因此，对于“一带一路”沿线国家，一方面，可以借助“一带一路”倡议，积极发挥比较优势向世界银行等金融机构进行贷款，帮助发展本国经济；另一方面，这些国家（地区）政府可以根据本国（地区）产业基础和产业特征，以及产品空间中聚集在核心区域产品的集聚和联动作用，重点发展比较优势产品生产和扶持潜在比较优势产品发展，使其经济发展始终与优势产品和产业关联，优势产业与比较优势产品发展关联，始终保持相关产业和产品发展处于比较优势状态。同时制定扶持本国优势产业和优势产品发展的优惠政策，发挥比较优势的作用，使处于产品空间边缘区域的产品尽可能地向核心区域跨越和集聚，有目的有步骤地培育具有潜在比较优势产品向比较优势产品转变，实现产品空间结构调整和产业结构转变与升级。

（5）一国（地区）和企业需要不断积累各种资源和开发自我创新能力，增强自身核心竞争力。一般产品空间中各个产品之间是离散且异质的，如果企业在能力（跳跃）范围内找不到新产品，则不能实现生产结构转换和产品升级，会导致企业继续生产和出口原本已不具有比较优势的产品，最终生产陷入停滞。同理，对于一国（地区）没有能力进行产业结构调整和升级，则可能导致产业升级失败甚至经济增长陷入停滞。对于一些发达国家（地区）和创新企业，有能力跳跃到产品空间任何位置，则很容易找到优势产业和产品，产业升级、产品升级和生产结构转换速度很快，有效地淘汰落后产能和劣势产品，始终保持一国（地区）和企业处于优势产业和生产比较优势产品状态。如果一国（地区）有能力跳跃到产品空间的任何位置，该国就会向发达国家（地区）收敛。归根结底，一国（地区）和企业需要不断增加资本积累，提高科技水平，增强创新研发能力，加强企业核心竞争力，才有能力进行产业升级和产品结构转换。

（6）建立和完善退出机制，有意识地培育优势产业和产品。对于一国（地区）和企业，通过产品空间寻找优势产业和优势产品，并不是完全淘汰落后产业和产品，而是有意识地对原有落后产业和产品进行升级和转型，或对其进行有效转移（程李梅等，2013；马海燕等，2018）。虽然落后产业和产品已不能带来更多效益，但通过建立和完善退出机制，使有限资源得到优化配置和合理利用，使一国（地区）企业把精力放在优势产业培育和新产品开发和生产上。对于企业来说，对落后产品不是淘汰而是在原有基础上加强更新升级，使其生产结构转变有内在联系，会节约大量的生产成本，保持企业生产的连续性。

总之，对于生产企业，根据企业自身优势发现比较优势产品，积极转变生产结构，合理安排组织生产，引导和培育具有潜在比较优势的产品，进一步解决企业生产面临的一系列问题。对政府部门，制订有助于企业发展的产业政策和贸易措施，积极进行产业结构调整和升级（毛琦梁、王菲，2017），选择优势产业组合，根据产业结构转变规律调整贸易政策，促进贸易产品优势互补。因此，对于产品空间和比较优势的研究，在宏观和中观层面上对一国（地区）调整产业结构和产业政策（毛琦梁，2019）、重视优势产业组合和实施相关贸易政策方面，以及引导企业根据自身优势组织生产和调整生产结构有重要作用。

综上所述，本书对动态比较优势理论和产品空间理论发展过程进行了梳理，分析了动态比较优势理论及产品空间埋论发展过程和特点。重点阐述了“一带一路”沿线国家产品空间和动态比较优势的演变趋势，从产品空间视角对动态比较优势的影响进行了实证分析。主要解决了以下问题：①产品空间结构与比较优势动态变化的内在机理。②产品空间结构及其演变趋势。③产品空间与动态比较优势的实证分析。④如何选择和培育未来具有比较优势产品和产业。

本书的贡献在于：①关于“一带一路”贸易方面的研究文献较多，而从产品空间角度研究“一带一路”沿线国家产品空间对动态比较优势的影响较少，本书研究为促进“一带一路”沿线国家经贸发展提供了思路。②从产品角度出发，探讨选择和培育“一带一路”沿线国家具有比较优势的产品和产业，为企业有计划地组织生产和出口，为政府部门制定贸易政策和产业政策提供参考依据。③考虑到产品是生产要素投入和技术水平等方面的最终载体，而出口产品具有较强的生命力和竞争力，本书以出口产品视角出发考察产品密度对动态比较优势的影响，能较好地分析产品空间分布结构和演变趋势，以及选择和培育具有比较优势的产品和产业。

7.3 研究局限性与展望

7.3.1 研究局限性

（1）由于“一带一路”沿线国家众多，本书不能一一详细论述所有国家的产品空间结构演变过程和规律，本书主要以“一带一路”沿线国家产品数据的可获得性为基础，研究“一带一路”沿线主要国家产品空间分布演变趋势和培育优势产品，未能全面涵盖“一带一路”沿线的所有国家。

(2) 根据《国际贸易标准分类》和联合国商品贸易统计数据库(UN Comtrade),对“一带一路”沿线主要国家和产品分类数据进行分析,由于研究国家和产品众多,本书只对中国和部分“一带一路”沿线国家的SITC-1位码和SITC-2位码的产品进行分析,不能反映出更细分类产品在产品空间中的演变趋势。

(3) 由于相关资料和数据有限,未能根据某个具体企业情况进行研究,指导企业分辨和组织生产并出口具备比较优势产品和潜在比较优势产品,对于如何分析与企业相关的产品空间分布情况和培育比较优势产品的先后顺序,相关研究只能从宏观层面和中观层面给予政府部门和企业提供参考。

7.3.2 研究展望

(1) 根据联合国商品贸易数据库和世界银行统计数据库,结合数据的可获得性,选取有代表性的“一带一路”沿线国家进行产品空间结构重点研究。

(2) 依据《国际贸易标准分类》,进一步对“一带一路”沿线代表性国家SITC-3位码和SITC-4位码的出口产品比较优势和产品密度进行深入研究。

(3) 本书仅从宏观层面和中观层面,给予政府部门和企业对于产品空间分布情况和培育比较优势产品的先后顺序提供参考,下一步主要通过典型案例对微观企业层面进行分析。

参考文献

[1] 曾世宏，郑江淮．产品空间结构理论对我国转变经济发展方式的启示［J］．经济纵横，2008（11）：21－23.

[2] 曾世宏，郑江淮．企业家成本发现、比较优势演化与产品空间结构转型——基于江苏经济发展的案例研究［J］．产业经济研究，2010（1）：9－15.

[3] 陈继勇，陈龙，卢世杰．“一带一路”沿线国家出口的二维指标分析：基于出口竞争力和贸易互补性［J］．财经问题研究，2017（10）：94－103.

[4] 陈继勇，陈大波．贸易开放度、经济自由度与经济增长——基于中国与“一带一路”沿线国家的分析［J］．武汉大学学报（哲学社会科学版），2017（3）：46－57.

[5] 陈强．高级计量经济学及STATA应用（第二版）［M］．北京：高等教育出版社，2014.

[6] 陈晓华，黄先海，刘慧．中国出口技术结构演进的机理与实证研究［J］．管理世界，2011（3）：44－57.

[7] 陈钊，熊瑞祥．比较优势与产业政策效果——来自出口加工区准实验的证据［J］．管理世界，2015（8）：1－15.

[8] 陈智远．动态比较优势经验研究［J］．世界经济文汇，2002（1）：64－72.

[9] 陈砺．“一带一路”倡议下中国对沿线国家投资特点及政策建议［J］．对外经贸，2017（10）：38－44.

[10] 陈砺．中国与“一带一路”沿线国家双向投资与依存度分析［J］．国际贸易，2017（7）：38－44.

[11] 成祖松，张跃华．关于比较优势动态转化的文献综述［J］．石家庄经济学院学报，2012（3）：20－24.

[12] 程李梅，庄晋财，李楚，陈聪．产业链空间演化与西部承接产业转移的“陷阱”突破［J］．中国工业经济，2013（8）：135－147.

［13］程云洁．“丝绸之路经济带”建设给我国对外贸易带来的新机遇与挑战［J］．经济纵横，2014（6）：124－131.

［14］崔凌云，陈砺．山东制造业产业集聚与地区专业化的空间效应——基于空间面板模型的实证分析［J］．山东工商学院学报，2016（3）：12－21.

［15］代永华．比较竞争优势与中国产业的国际定位［J］．经济经纬，2003（4）：79－80.

［16］戴翔，张二震．中国出口技术复杂度真的赶上发达国家了吗？［J］．国际贸易问题，2011（7）：3－15.

［17］戴翔，金碚．产品内分工、制度质量与出口技术复杂度［J］．经济研究，2014（7）：4－19.

［18］邓向荣，曹红．产业升级路径选择：遵循抑或偏离比较优势——基于产品空间结构的实证分析［J］．中国工业经济，2016（2）：52－67.

［19］邸玉娜．中国出口结构转换的能力与对策——基于产品密度的阶层线性分析［J］．财经科学，2013（12）：101－111.

［20］董小麟，庞小霞．我国旅游服务贸易竞争力的国际比较［J］．国际贸易问题，2007（2）：78－84.

［21］杜朝晖．从比较优势到动态比较优势——兼论比较优势理论应用于发展中国家的缺陷［J］．经济纵横，2003（8）：29－33.

［22］杜秀红．“一带一路”背景下的中印货物贸易结构分析：2002—2014年［J］．审计与经济研究，2015（6）：106－112.

［23］樊纲，关志雄，姚枝仲．国际贸易结构分析：贸易品的技术分布［J］．经济研究，2006（8）：70－80.

［24］伏玉林，胡尊芳．产品空间视角下制造业结构转变研究——以江浙沪为例［J］．工业技术经济，2017（1）：3－10.

［25］傅朝阳．中国出口商品比较优势的实证分析：1980—2000［J］．世界经济研究，2005（3）：34－39.

［26］傅元海．制造业结构优化的技术进步路径选择——基于动态面板的经验分析［J］．中国工业经济，2014（9）：78－90.

［27］耿伟．动态比较优势与中国目标产业选择实证分析［J］．现代财经，2007（12）：41－46.

［28］公丕萍，宋周莺，刘卫东．中国与“一带一路”沿线国家贸易商品格局［J］．地理科学进展，2015（5）：571－580.

[29] 顾国达，郭爱美．金融发展与出口复杂度提升——基于作用路径的实证［J］．国际经贸探索，2013（11）：101－111.

[30] 关爱萍，李辉．区际产业转移行业间技术溢出效应研究［J］．中国科技论坛，2013（11）：41－47.

[31] 郭晶．FDI对高技术产业出口复杂度的影响［J］．管理世界，2010（7）：173－174.

[32] 郭将，赵景艳，产品空间结构视角下的比较优势动态变化研究——以江苏省装备制造业为例［J］．天津财经大学学报，2016（7）：38－47.

[33] 韩民春，徐姗．国外动态比较优势理论的演进［J］．国外社会科学，2009（3）：46－52.

[34] 贺灿飞，董瑶，周沂．中国对外贸易产品空间路径演化［J］．地理学报，2016（6）：970－983.

[35] 贺灿飞，金璐璐，刘颖．多维邻近性对中国出口产品空间演化的影响［J］．地理研究，2017（9）：1613－1626.

[36] 洪银兴．从比较优势到竞争优势——兼论国际贸易的比较利益理论的缺陷［J］．经济研究，1997（6）：20－27.

[37] 侯经川，黄祖辉，钱文荣．创新、动态比较优势与经济竞争力提升［J］．数量经济技术经济研究，2007（5）：88－99.

[38] 侯祥鹏．长三角地区装备制造业比较优势及其影响因素研究［J］．现代经济探讨，2013（3）：49－53.

[39] 胡立法．产品空间结构下的产业升级：中韩比较［J］．世界经济研究，2015（3）：107－118.

[40] 胡艺，闫吉丽，全毅．中国与21世纪“海上丝绸之路”沿线国家贸易互补性测度及其影响因素的实证研究［J］．世界经济研究，2017（8）：51－65.

[41] 黄永明，张文洁．出口复杂度的国外研究进展［J］．国际贸易问题，2012（3）：167－176.

[42] 蒋德恩．显示性比较优势指数的适用条件分析［J］．国际商务（对外经济贸易大学学报），2006（5）：46－50.

[43] 金碚．国际金融危机下的中国工业［J］．中国工业经济，2010（7）：5－13.

[44] 金碚，李鹏飞，廖建辉．中国产业国际竞争力现状及演变趋势——基

于出口商品的分析［J］．中国工业经济，2013（5）：5－17.

［45］孔庆峰，陈蔚．基于要素禀赋的比较优势理论在我国贸易实践中适用性的经验检验［J］．国际贸易问题，2008（10）：9－15.

［46］李辉文．现代比较优势理论的动态性质——兼评“比较优势”陷阱［J］．经济评论，2004（1）：42－47.

［47］李磊，刘斌，郑昭阳，朱彤．地区专业化能否提高我国的出口贸易技术复杂度［J］．世界经济研究，2012（6）：30－37.

［48］李永．动态比较优势理论：一种新的模型解释［J］．经济评论，2003（1）：43－45.

［49］李绍荣，李雯轩．我国区域间产业集群的“雁阵模式”——基于各省优势产业的分析［J］．经济学动态，2018（1）：86－102.

［50］林常青，张相文．出口经验会促进出口产品扩张吗？［J］．数量经济技术经济研究，2016（1）：20－38.

［51］林毅夫，蔡昉，李周．比较优势与发展战略：对东亚奇迹的再解释［J］．中国社会科学，1999（5）：4－22.

［52］林毅夫，李永军．比较优势、竞争优势与发展中国家的经济发展［J］．管理世界，2003（7）：21－32.

［53］刘佳，陈飞翔．关于中国实现比较优势动态转换的路径选择：一个文献综述［J］．财贸研究，2006（1）：42－46.

［54］刘丽琴，丛平鑫．中国农产品贸易比较优势探析［J］．对外经贸实务，2013（12）：29－33.

［55］刘林青，谭畅．国际贸易中出口结构对经济绩效的影响——基于国家空间的社会网络分析［J］．国际贸易问题，2016（6）：15－27.

［56］刘林青，邓艺林．产品密度、产品机会收益与产业升级——基于产品空间理论的实证分析［J］．现代经济探讨，2019（2）：73－82.

［57］刘重力，刘德江．中国对外贸易比较优势变化实证分析［J］．南开经济研究，2003（2）：48－51.

［58］鲁晓东，李荣林．中国对外贸易结构、比较优势及其稳定性检验［J］．世界经济，2007（10）：39－48.

［59］吕承超，陈晓虹．新丝绸之路经济带 FDI 空间差距、极化及影响［J］．财经科学，2015（7）：70－81.

［60］马常娥．动态比较优势与我国对外贸易的可持续发展［J］．当代经济

研究，2010（5）：11-14.

［61］马海燕，于孟雨．产品复杂度、产品密度与产业升级——基于产品空间理论的研究［J］．财贸经济，2018（3）：123-138.

［62］马海燕，刘林青．产品密度、模仿同构与产业升级——基于产品空间视角［J］．国际贸易问题，2018（8）：24-38.

［63］马海燕，刘林青．“金砖五国”竞争力演化及升级路径选择——产品空间视角［J］．经济管理，2017（11）：21-38.

［64］马建全，宋文玲．中国出口产品比较优势动态变化实证分析：1998-2008年［J］．经济与管理，2010（8）：14-21.

［65］毛海涛，宋建，刘刚．跨越“中等收入陷阱”的竞争优势新视角——从离散的“产品空间”到连续的“策略空间”［J］．河北经济贸易大学学报，2016（4）：52-60.

［66］毛琦梁，王菲．比较优势、可达性与产业升级路径——基于中国地区产品空间的实证分析［J］．经济科学，2017（1）：48-67.

［67］毛琦梁．我国中西部典型城市群产业升级的机会甄别与基本路径——基于产品空间理论的研究［J］．西部论坛，2019（1）：71-83.

［68］潘文卿，张伟．90年代中国工业产品外贸优势变化及入世后的战略选择［J］．中国工业经济，2001（6）：52-59.

［69］齐俊妍．出口品技术含量和附加值视角：中国贸易比较优势与竞争力重新考察［J］．现代财经，2009（7）：93-97.

［70］綦建红，冯晓洁．市场相似性，路径依赖与出口市场扩张——基于2000-2011年中国海关HS-6产品数据的检验［J］．南方经济，2014（11）：25-42.

［71］乔彬，陈永康，贾晋虎．生产者视角下的潜在优势产业识别研究——基于产品空间论的扩展及实证［J］．西南民族大学学报（人文社会科学版），2016（11）：135-140.

［72］沈国兵．显性比较优势、产业内贸易与中美双边贸易平衡［J］．管理世界，2007（2）：5-16.

［73］沈国兵．显性比较优势与美国对中国产品反倾销的贸易效应［J］．世界经济，2012（12）：62-83.

［74］盛朝迅．比较优势动态化与我国产业结构调整——兼论中国产业升级的方向与路径［J］．当代经济研究，2012（9）：63-67.

［75］石奇，孔群喜．实施基于比较优势要素和比较优势环节的新式产业政策［J］．中国工业经济，2012（12）：70－82.

［76］孙天阳，许和连，王海成．产品关联、市场邻近与企业出口扩展边际［J］．中国工业经济，2018（5）：24－42.

［77］孙楚仁，张楠，刘雅莹．“一带一路”倡议与中国对沿线国家的贸易增长［J］．国际贸易问题，2017（2）：83－97.

［78］孙致陆，李先德．“一带一路”沿线国家与中国农产品贸易现状及农业经贸合作前景［J］．国际贸易，2016（11）：38－42.

［79］孙致陆，李先德．经济全球化背景下中国与印度农产品贸易发展研究——基于贸易互补性、竞争性和增长潜力的实证分析［J］．国际贸易问题，2013（12）：68－79.

［80］孙致陆，李先德．世界农产品出口贸易技术结构收敛了吗？基于主要农产品出口国 1995—2012 年数据的检验［J］．国际贸易问题，2015（5）：41－53.

［81］汤碧．中国与金砖国家农产品贸易：比较优势与合作潜力［J］．农业经济问题，2012（10）：67－76.

［82］唐琼，王娟．动态比较优势的形成机制与比较优势陷阱规避［J］．江汉大学学报（社会科学版），2008（1）：41－45.

［83］唐俊．浙江出口战略转型升级及对拉美市场的开拓——基于产品空间的视角［J］．对外经贸，2015（6）：51－55.

［84］万金，祁春节．改革开放以来中国农产品对外贸易比较优势动态研究——基于 NRCA 方法的分析［J］．世界经济研究，2012（4）：51－59.

［85］万金，祁春节．产品空间结构与农产品比较优势动态——基于高维面板数据的分析与预测［J］．国际贸易问题，2012（9）：28－239.

［86］万金．中国农产品贸易比较优势动态研究［D］．华中农业大学博士学位论文，2012.

［87］王国安，范昌子．中欧贸易互补性研究——基于比较优势理论和产业内贸易理论的实证分析［J］．国际贸易问题，2006（3）：61－67.

［88］王晗懿．规避中等收入陷阱的东亚经验研究与启示——基于产品空间理论［D］．西北大学硕士学位论文，2018.

［89］王坤．中国农产品比较优势培育路径研究——基于产品空间结构的分析［J］．华中师范大学硕士学位论文，2018.

［90］王林生．雁行模式与东亚金融危机［J］．世界经济，1999（1）：51－55.

［91］王诺贝，段愿．比较优势理论及其政策应用争论述评［J］．华东经济管理，2009（6）：139－142.

［92］王永进，盛丹，施炳展，李坤望．基础设施如何提升了出口技术复杂度［J］．经济研究，2010（7）：103－115.

［93］文东伟，冼国明．中国制造业的空间集聚与出口：基于企业层面的研究［J］．管理世界，2014（10）：57－74.

［94］问泽霞，张晓辛．我国高技术产品出口复杂度的测度与实证检验［J］．统计与决策，2016（19）：191－121.

［95］伍业君，王磊．比较优势演化、产业升级与中等收入陷阱［J］．广东商学院学报，2012（4）：23－30.

［96］伍业君，张其仔．“中等收入陷阱”的理论解释［J］．产业经济，2011（4）：69－80.

［97］伍业君，张其仔，徐娟．产品空间与比较优势演化述评［J］．经济评论，2012（4）：145－152.

［98］谢安世．中国区域发展差距的理论根源与对策思路［J］．经济纵横，2017（3）：141－148.

［99］谢涛．中国与“一带一路”沿线国家农产品出口贸易影响因素研究［J］．世界农业，2017（3）：132－139.

［100］邢广程．理解中国现代丝绸之路战略——中国与世界深度互动的新型链接范式［J］．世界经济与政治，2014（12）：4－26.

［101］徐梁．“一带一路”背景下动态比较优势增进研究——基于要素结构变动视角［D］．浙江大学博士学位论文，2016.

［102］徐孝新，李颢．生产能力禀赋与中国产业转型升级路径——基于产品空间理论的视角［J］．当代财经，2019（2）：98－108.

［103］姚海华．中国与东北亚主要国家农产品贸易互补性分析［J］．中国农村经济，2006（9）：13－21.

［104］殷德生，胡峰．动态比较优势的来源与演进［J］．求索，2006（4）：1－4.

［105］尹宗成，田甜．中国农产品出口竞争力变迁及国际比较：基于出口技术复杂度的分析［J］．农业技术经济，2013（1）：77－85.

［106］于津平．中国与东亚主要国家和地区间的比较优势和贸易互补性［J］．世界经济，2003（5）：33－42.

［107］张海波，李东．中国制造业出口贸易品技术含量测度与影响因素研究［J］．国际经贸探索，2015（2）：43－52.

［108］张国峰，王永进，李坤望．产业集聚与企业出口：基于社交与沟通外溢效应的考察［J］．世界经济，2016（2）：48－74.

［109］张鸿．我国对外贸易结构及其比较优势的实证分析［J］．国际贸易问题，2006（4）：46－53.

［110］张鸿．中国对外贸易的动态优势变化与外贸增长方式的转变［M］．北京：人民出版社，2010.

［111］张美云，宋宇．金砖五国产品空间演化与产业升级路径比较［J］．中国科技论坛，2018（3）：180－188.

［112］张美云，宋宇，王学东．新海上丝绸之路出口复杂度的影响因素［J］．宏观经济研究，2018（3）：125－135.

［113］张其仔．比较优势的演化与中国产业升级路径的选择［J］．中国工业经济，2008（9）：58－68.

［114］张其仔．中国能否成功地实现雁阵式产业升级［J］．中国工业经济，2014（6）：18－21.

［115］张亭，刘林青．产品复杂性水平对中日产业升级影响的比较研究——基于产品空间理论的实证分析［J］．经济管理，2017（5）：115－130.

［116］张亭，刘林青．中美产业升级路径选择比较研究——基于产品空间理论的分析［J］．经济管理，2016（8）：18－29.

［117］张亭，刘林青．中美知识产权密集型产业发展形态与路径选择的比较研究——基于产品空间理论的实证分析［J］．宏观质量研究，2018（1）：95－108.

［118］张小蒂，贾钰哲．中国动态比较优势增进的机理与途径——基于企业家资源拓展的视角［J］．学术月刊，2012（5）：77－86.

［119］张小蒂，李晓钟．经济全球化与我国比较优势理论的拓展［J］．学术月刊，2001（6）：19－27.

［120］张小蒂，李晓钟．我国出口商品结构变化的实证分析［J］．数量经济技术经济研究，2002（8）：109－113.

［121］张小蒂，赵榄．“干中学”、企业家人力资本和我国动态比较优势增

进［J］．浙江大学学报（人文社会科学版），2009（4）：73－81.

［122］张妍妍，吕婧．基于产品空间结构重构的东北老工业基地产业升级研究［J］．工业技术经济，2014（4）：11－18.

［123］张妍妍．产业空间结构演化与产业结构升级研究［D］．吉林大学博士学位论文，2014.

［124］赵榄．企业家要素增进与动态比较优势提升：一个转型经济下技术进步的视角［D］．浙江大学博士学位论文，2010.

［125］赵瑞丽，孙楚仁，尹翔硕．产业内集聚、产品关联密度与城市产品比较优势转换［J］．国际贸易问题，2017（8）：16－27.

［126］赵文丁．新型国际分工格局下中国制造业的比较优势［J］．中国工业经济，2003（8）：32－37.

［127］赵晓晨．动态比较优势理论在实践中的发展［J］．经济经纬，2007（3）：10－14.

［128］张雨，戴翔．什么影响了服务出口复杂度：基于全球112个经济体的实证研究［J］．国际贸易问题，2015（7）：87－96.

［129］周燕．干中学效应、国际分工格局和动态比较优势［J］．中国经济问题，2010（5）：18－25.

［130］Abdon, Arnelyn, MarifeBacate, Jesus Felipe, Utsav Kumar. Product Complexity and Economic Development［R］. Levy Economics Institute, Working Paper, 2010.

［131］Aghion, Philippe, Peter Howitt. A Model of Growth through Creative Destruction［J］. Econometrics, 1992, 60（2）：323－351.

［132］Alwyn Young. Learning by Doing and Dynamic Effect of International Trade［J］. Journal of Political Economy, 1991（106）：369－405.

［133］Anna Jankowska, Arne Nagengast, José Ramón Perea. The Product Space and the Middle－Income Trap：Comparing Asian and Latin American Experience［R］. OECD Working Paper, 2012.

［134］Arrow K. J.. The Economic Implication of Learning by Doing［J］. Review of Economics Studies, 1962, 29（3）：155－173.

［135］Balassa B.. Trade Liberalisation and Revealed Comparative Advantage［J］. The Manchester School, 1965, 33（2）：99－123.

［136］Balassa Bela. The Changing Patterns of Comparative Advantage in Manufactured Goods [J] . The Review of Econonics and Statisitcs, 1997 (61): 259 -266.

[137] Balassa B.. Comparative Advantage, Trade Policy and Economic Development [M] . New York: Harvester Wheatsheaf, 1989: 41 -62.

[138] Batty, Michael. Spatial Entropy [J] . Geographical Analysis, 1974, 6 (1): 1 -31.

[139] Besede Tibor, Prusab Thomas J.. Product Differentiation and Duration of Us Import Trade [J] . Journal of International Economics, 2006, 70 (2): 339 -358.

[140] Boschma R., Minondo A., Navarro M.. The Emergence of New Industries at the Regional Level in Spain: Aproximity Approach Based on Product Relatedness [J] . Economic Geography, 2013, 89 (1): 29 -51.

[141] Chaney T.. The Network Structure of International Trade [J] . American Economic Review, 2014, 104 (11): 3600 -3634.

[142] Cruz J., D. Riker. Product Space Analysis of the Exports of Brazil [R] . Working Paper, 2012.

[143] Cypher, James M., Dietz. Static and Dynamic Comparative Advantage: A Multi - Period Analysis with Declining Terms of Trade [J] . Journal of Economic Issues, 1998 (2): 305 -314.

[144] Das, Dilip K.. Changing Comparative Advantage and the Changing Composition of Asian Exports [J] . World Economy, 1998, 21 (1): 121 -140.

[145] De Waldemar, Felipe Starosta, Sandra Poncet. Product Relatedness and Firm Exports in China [J] . The World Bank Economic Review, 2013 (2): 155 -170.

[146] Dixit A. K., Stiglitzi J. E.. Monopolisitc Comparative and Optimum Product Diversity [J] . The American Economic Review, 1977, 67 (3): 297 -308.

[147] Erkan Birol, Yildirimci Elif. Economic Complexity and Export Competitiveness: The Case of Turkey [J] . Procedia - Social and Behavioral Sciences, 2015 (195): 524 -533.

[148] Felipe J., Kumar U., Abdon A.. How Rich Countries Became Rich and Why Poor Countries Remain Poor: It's the Economic Structure [R] . Economics Working Paper Archive, 2010.

[149] Felipe J., Kumar U., Abdon A., Bacate M.. Product Complexity and Economic Development [J] . Structural Change And Economic Dynamics, 2012, 23 (1): 36 -68.

[150] Findlayr. Factor Proportions and Comparative Advantagein the Long Run [J]. Journal of Political Economy, 1970, 78 (1): 27 - 34.

[151] Fernandes A., H. Tang. Learning to Export from Neighbors [J]. Journal of International Economics, 2014 (94): 67 - 84.

[152] Freitas M. L. D., Mamede R. P.. Stuctural Transformation of Portuguese Exports and the Role of Foreignowned Firms: A Descriptive Analysis for the Period 1995 - 2005 [J]. Notas Económicas, 2011, 33 (6): 20 - 43.

[153] Grossman G. M., E. Helpman. Comparative Advantage and Long - run Growth [J]. American Economic Review, 1990, 80 (2): 796 - 815.

[154] Grossman G. M., Helpman E.. Quality Ladders in the Theory of Growth [J]. The Review of Economic Studies, 1991, 58 (1): 43 - 61.

[155] Grossman G. M., Helpman E. Innovation and Growth in the Global Economy [M]. Cambridge: MIT Press, 1991.

[156] Hartmann D., Guevaral M. R., Jara - Figueroal C., Aristaranl M., Hidalgo C. A.. Linking Economic Complexity, Institutions and Income Inequality [J]. World Development, 2017 (93): 75 - 93.

[157] Hausmann R., Hwang J., Rodrik D.. What You Export Matters [J]. Journal of Economic Growth, 2007, 12 (1): 1 - 25.

[158] Hausmann R., Cesar A. Hidalgo. The Atlas of Economic Complexity: Mapping Paths to Prosperity [M]. MIT Press (MA), 2011.

[159] Hausmann R., Bailey Klinger. The Evolution of Comparative Advantage: The Impact of the Structure of the Product Space [R]. CID Working Paper, 2006.

[160] Hausmann R., Cesar A. Hidalgo. Country Diversification, Product Ubiquity, and Economic Divergence [R]. CID Working Paper, 2010.

[161] Hausmann R., Dani Rodrik. Economic Development as Self Discovery [J]. Journal of Development Economics, 2003, 72 (2): 603 - 633.

[162] Hidalgo A., Hausmann R.. The Building Blocks of Economic Complexity [J]. Proceedings of the National Academy of Sciences, 2009, 106 (26): 10570 - 10575.

[163] Hidalgo R. C. A., B. Klinger, A. L. Barabasi, R. Hausmann. The Product Space Conditions the Development of Nations [J]. Science, 2007 (317): 482 - 487.

[164] Hinloopen Jeroen, Marrewijk Charlesvan. Dynamics of Chinese Comparative Advantage [R]. Tinbergen Institute Discussion Paper, 2004.

[165] Hobday M., Rush H., Tidd J.. Innovation in Complex Products and System [J]. Research Policy, 2000 (29): 793-804.

[166] Hoen A. R., Osterhaven J.. On the Measurement of Comparative Advantage [J]. The Annals of Regional Science, 2006, 40 (3): 677-691.

[167] Jesus Felipe, Utsav Kumar, Arnelyn Abdon, Marife Bacate. Product Complexity and Economic Development [J]. Structural Change and Economic Dynamics, 2012 (23): 36-48.

[168] K. Matsuyama, Agriculture Productivity. Agricultural Productivity, Comparative Advantage and Economic Growth [J]. Journal of Economic Theory, 1992, 58 (2): 317.

[169] Kali R., Reyes J., Mc Gee J., Shirrell S.. Growth Networks [J]. Journal of Development Economics, 2013, 101 (3): 216-227.

[170] Khan M., Afzal U.. The Diversification and SophiSITCation of Pakistan's Exports: The Need for Structural Transformation [J]. The Lahore Journal of Economics, 2016, 21 (9): 99-127.

[171] Krugman P.. The Narrow Moving Band, the Dutch Disease, and the Competitive Consequences of Mrs. Thatcher: Notes on Trade in the Presence of Dynamic Scale Economies [J]. Journal of Development Economics, 1987, 27 (1): 41-55.

[172] Krugman P.. Scale Economics, Product Differentiation and the Pattern of Trade [J]. American Economic Review, 1980 (70): 950-968.

[173] Krugman, Paul R., Maurice Obstefeld. International Economics, Theory and Policy, Fifth Edition [M]. Addison-Wesley Publishing Company, 2000.

[174] Lall S., Weiss J., Zhang J. K.. The Sophisitcation of Exports: A New Trade Measure [J]. World Development, 2006, 34 (2): 222-237.

[175] Laursen K.. Revealed Comparative Advantage and the Alternatives as Measures of International Specialization [R]. DRUID Working Paper, 1998.

[176] Leamer, Edward E.. Sources of Comparative Advantage: Theory and Evidence [M]. Cambridge MA: The MIT Press, 1984.

[177] Lo Turco A., D. Maggioni. On Firms' Product Space Evolution: The Role of Firm and Local Product Relatedness [J]. Journal of Economic Geography,

2015, 16 (5): 975 - 1006.

[178] Lucas R. E.. Marking a Miracle [J]. Econometrics, 1993, 61 (2): 251 - 271.

[179] Lucas R.. On the Mechanism of Economic Development [J]. Journal of Monetary Economics, 1988 (22): 3 - 22.

[180] M. Nishimizu, J. M. Page. Productivity Change and Dynamic Comparative Advantage [J]. The Review of Economics and Statisitcs, 1986, 68 (2): 241 - 247.

[181] Matsuyama K.. Agricultural Productivity, Comparative Advantage, and Economic Growth [J]. Journal of Economic Theory, 1992, 58 (2): 317 - 334.

[182] Matsuyama K.. Increasing Returns, Industrialization, and Indeterminacy of Equilibrium [J]. The Quarterly Journal of Economics, 1991, 106 (2): 617 - 650.

[183] Michael Porter. The Competitive Advantage of Nations [M]. New York: Free Press, 1990.

[184] Poncet S., De Waldemar F. S.. Product Relatedness and Firm Exports in China [J]. World Bank Economic Review, 2015, 29 (3): 579 - 605.

[185] Redding S.. Dynamic Comparative Advantage and the Welfare Effects of Trade [J]. Oxford Economic Papers, 1999 (77): 15 - 39.

[186] Rodrik, Dani. What's so Special about China's Exports? [J]. China & World Economy, 2006, 14 (5): 1 - 19.

[187] Romer P.. Endogenous Technological Change? [J]. Journal of Political Economy, 1990, 98 (5): 71 - 102.

[188] Ron Boschma, Gianluca Capone. Relatedness and Diversificationin the EU - 27 and ENP Countries [J]. Economic Geography, 2014 (3): 321 - 340.

[189] Roodman D.. How to Do Xtabond2: An Introduction to Difference and System GMM in Stata [J]. Centerfor Global Development Working Paper, 2006 (103): 1 - 44.

[190] Run Yu, Junning Cai, PingSun Leung. The Normalized Revealed Comparative Advantage Index [J]. The Annals of Regional Science, 2009, 43 (1): 267 - 282.

[191] Rybczynski T. M.. Factor Endowments and Relative Commodity Price [J]. Economica, 1995 (22): 336 - 341.

[192] Samuelson P. A.. International Trade and the Equation of Factor Prices [J]. Economics Journal, 1948 (58): 163 - 184.

[193] Sachs, Jeffrey, Xiaokai Yang. Development Economics Inframarginal versus Marginal Analyses [M]. New York: Blackwell, 2000.

[194] Steven Lim, Gary Feng. Dynamic Comparative Advantage: Implications for China [J]. Review of Applied Economics, 2005, 1 (2): 207-222.

[195] Serafica, Ramonette B., Bayudan Dacuycuy, Connie. Discovering the Philippines' Potential Export Portfolio Through the Product Space: Some Products and Ways Forward [R]. Working Paper Series from REPEC, 2018.

[196] Thorbecke W., Pai H.. The Sophisitcation of East Asian Exports [R]. RIETI Discussion Paper Series, 2013.

[197] Wang Zheng, R. Upward, Jinghai Zheng. Weighing China's Export Basket: The Domesitc Content and Technology Intensity of Chinese Exports [J]. Journal of Comparative Economics, 2013, 41 (2): 527-543.

[198] Worz J.. Dynamic of Trade Specialization in Developed and less Developed Countries [J]. Emerging Markets Financeand Trade, 2005 (41): 92-111.

[199] Xu B.. The Sophisitcation of Exports: Is China Special [J]. China Economic Review, 2011, 21 (2): 482-493.

[200] Yeats A. J. On the Appropriate Interpretation of the Revealed Comparative Advantage Index: Implications of a Methodology Based on Industry Sector Analysis [J]. Weltwirtschaftliches Arch, 1985 (121): 61-73.

[201] Yeung H. W., Coe N.. Toward a Dynamic Theory of Global Production Networks [J]. Economic Geography, 2015 (1): 29-58.

[202] Zaccaria A., Cristelli M., Kupers R., Tacchella A., Pietronero L.. A Case Study for a New Metrics for Economic Complexity: The Netherlands [J]. Journal of Economic Interaction and Coordination, 2016, 11 (1): 151-169.

附录 A　相关代码与各年度产品邻近程度（$\varphi_{i,j}$）矩阵

附表 A1　商品编码与“一带一路”沿线国家代码

商品编码	商品名称（1 位码）	商品编码	商品名称（2 位码）	国家代码	国家
SITC0	食品及活动物	00	活动物	4	阿富汗
SITC1	饮料及烟酒	01	肉及肉制品	8	阿尔巴尼亚
SITC2	非食用原料	02	乳品及蛋品	31	阿塞拜疆
SITC3	矿物燃料、润滑油及有关原料	03	软体类动物及其制品	48	巴林
		04	谷物及其制品	50	孟加拉国
SITC4	动植物油脂及蜡	05	蔬菜及水果	51	亚美尼亚
		06	糖、糖制品及蜂蜜	70	波黑
SITC5	化学成品及有关产品	07	咖啡茶可可调味品及制品	96	文莱
		08	饲料（不包括未碾磨谷物）	100	保加利亚
SITC6	按原料分类的制成品	09	杂项食品	104	缅甸
		11	饮料	112	白俄罗斯
SITC7	机械运输设备	12	烟草及其制品	116	柬埔寨
SITC8	杂项制品	21	生皮及生毛皮	144	斯里兰卡
SITC9	未分类的商品	22	油籽及含油果实	156	中国
		23	生橡胶	191	克罗地亚
		24	软木及木材	203	捷克
		25	纸浆及废纸	233	爱沙尼亚
		26	纺织纤维及其废料	268	格鲁吉亚
		27	天然肥料及矿物	275	约旦
		28	金属矿砂及金属废料	348	匈牙利
		29	其他动、植物原料	360	印度尼西亚
		32	煤、焦炭及煤砖	364	伊朗

续表

商品编码	商品名称（1 位码）	商品编码	商品名称（2 位码）	国家代码	国家
		33	石油产品及有关原料	368	伊拉克
		34	天然气及人造气	376	以色列
		35	电流	398	哈萨克斯坦
		41	动物油、脂	400	约旦
		42	植物油、脂	414	科威特
		43	已加工动植物油脂及蜡	417	吉尔吉斯斯坦
		51	有机化学品	418	老挝
		52	无机化学品	422	黎巴嫩
		53	染料、鞣料及着色料	428	拉脱维亚
		54	医药品	440	立陶宛
		55	精油香料及盥洗光洁制品	458	马来西亚
		56	制成肥料	462	马尔代夫
		57	初级形状的塑料	496	蒙古
		58	非初级形状的塑料	498	摩尔多瓦
		59	其他化学原料及产品	499	黑山
		61	皮革制品及已鞣毛皮	512	阿曼
		62	橡胶制品	524	尼泊尔
		63	软木及木制品（家具除外）	586	巴基斯坦
		64	纸及纸板；纸浆纸板制品	608	菲律宾
		65	纺纱织物制成品及产品	616	波兰
		66	非金属矿物制品	626	东帝汶
		67	钢铁	634	卡塔尔
		68	有色金属	642	罗马尼亚
		69	金属制品	643	俄罗斯
		71	动力机械及设备	682	沙特阿拉伯
		72	特种工业专用机械	688	塞尔维亚
		73	金工机械	699	印度
		74	通用工业机械设备及零件	702	新加坡
		75	办公机械及数据处理设备	703	斯洛伐克
		76	电信声音录制及装置设备	704	越南

续表

商品编码	商品名称（1位码）	商品编码	商品名称（2位码）	国家代码	国家
		77	电力机械及电气零件	705	斯洛文尼亚
		78	陆路车辆（包括气垫式）	760	叙利亚
		79	其他运输设备	762	塔吉克斯坦
		81	活动房屋；水热暖等装置	764	泰国
		82	家具及其零件	784	阿联酋
		83	旅行用品及类似品	792	土耳其
		84	服装及衣着附件	795	土库曼斯坦
		85	鞋靴	804	乌克兰
		87	专业控制用仪器和装置	807	马其顿
		88	摄影器材光学物品及钟表	818	埃及
		89	杂项制品	860	乌兹别克斯坦
		93	未分类商品（特种交易品）	887	也门
		96	未分类商品（非合法货币铸币（除金币））		
		97	未分类商品（非货币用黄金（金砂及精矿除外））		

由于篇幅所限，附录A中仅放入每五年一期的“一带一路”沿线主要国家1位编码的产品邻近程度矩阵表，见附表A2至附表A6。

附表A2　1995年产品邻近程度（$\varphi_{i,j}$）矩阵（1位码）

编码	SITC0	SITC1	SITC2	SITC3	SITC4	SITC5	SITC6	SITC7	SITC8	SITC9
SITC0	—	0.350	0.800	0.400	0.300	0.300	0.650	0.000	0.650	0.050
SITC1	0.350	—	0.316	0.250	0.222	0.273	0.250	0.111	0.250	0.000
SITC2	0.800	0.316	—	0.474	0.263	0.368	0.650	0.053	0.474	0.000
SITC3	0.400	0.250	0.474	—	0.250	0.375	0.400	0.125	0.313	0.000
SITC4	0.300	0.222	0.263	0.250	—	0.182	0.250	0.111	0.313	0.111
SITC5	0.300	0.273	0.368	0.375	0.182	—	0.350	0.000	0.250	0.000
SITC6	0.650	0.250	0.650	0.400	0.250	0.350	—	0.000	0.600	0.000

续表

编码	SITC0	SITC1	SITC2	SITC3	SITC4	SITC5	SITC6	SITC7	SITC8	SITC9
SITC7	0.000	0.111	0.053	0.125	0.111	0.000	0.000	—	0.000	0.000
SITC8	0.650	0.250	0.474	0.313	0.313	0.250	0.600	0.000	—	0.063
SITC9	0.050	0.000	0.000	0.000	0.111	0.000	0.000	0.000	0.063	—

附表 A3　2000 年产品邻近程度（$\varphi_{i,j}$）矩阵（1 位码）

编码	SITC0	SITC1	SITC2	SITC3	SITC4	SITC5	SITC6	SITC7	SITC8	SITC9
SITC0	—	0.320	0.531	0.320	0.400	0.360	0.556	0.080	0.667	0.120
SITC1	0.320	—	0.406	0.286	0.294	0.353	0.370	0.000	0.367	0.176
SITC2	0.531	0.406	—	0.406	0.250	0.281	0.656	0.063	0.625	0.188
SITC3	0.320	0.286	0.406	—	0.143	0.190	0.259	0.000	0.200	0.190
SITC4	0.400	0.294	0.250	0.143	—	0.333	0.296	0.167	0.300	0.083
SITC5	0.360	0.353	0.281	0.190	0.333	—	0.333	0.000	0.233	0.273
SITC6	0.556	0.370	0.656	0.259	0.296	0.333	—	0.037	0.667	0.222
SITC7	0.080	0.000	0.063	0.000	0.167	0.000	0.037	—	0.067	0.000
SITC8	0.667	0.367	0.625	0.200	0.300	0.233	0.667	0.067	—	0.100
SITC9	0.120	0.176	0.188	0.190	0.083	0.273	0.222	0.000	0.100	—

附表 A4　2005 年产品邻近程度（$\varphi_{i,j}$）矩阵（1 位码）

编码	SITC0	SITC1	SITC2	SITC3	SITC4	SITC5	SITC6	SITC7	SITC8	SITC9
SITC0	—	0.600	0.700	0.300	0.433	0.167	0.567	0.133	0.700	0.200
SITC1	0.600	—	0.643	0.200	0.500	0.150	0.448	0.000	0.519	0.300
SITC2	0.700	0.643	—	0.321	0.357	0.143	0.621	0.036	0.643	0.321
SITC3	0.300	0.200	0.321	—	0.250	0.050	0.241	0.050	0.148	0.250
SITC4	0.433	0.500	0.357	0.250	—	0.176	0.310	0.176	0.407	0.118
SITC5	0.167	0.150	0.143	0.050	0.176	—	0.207	0.182	0.185	0.214
SITC6	0.567	0.448	0.621	0.241	0.310	0.207	—	0.172	0.655	0.241
SITC7	0.133	0.000	0.036	0.050	0.176	0.182	0.172	—	0.185	0.071
SITC8	0.700	0.519	0.643	0.148	0.407	0.185	0.655	0.185	—	0.111
SITC9	0.200	0.300	0.321	0.250	0.118	0.214	0.241	0.071	0.111	—

附表 A5　2010 年产品邻近程度（$\varphi_{i,j}$）矩阵（1 位码）

编码	SITC0	SITC1	SITC2	SITC3	SITC4	SITC5	SITC6	SITC7	SITC8	SITC9
SITC0	—	0. 576	0. 697	0. 303	0. 273	0. 182	0. 667	0. 091	0. 545	0. 121
SITC1	0. 576	—	0. 586	0. 125	0. 333	0. 190	0. 485	0. 095	0. 609	0. 143
SITC2	0. 697	0. 586	—	0. 345	0. 310	0. 172	0. 727	0. 069	0. 586	0. 103
SITC3	0. 303	0. 125	0. 345	—	0. 250	0. 167	0. 303	0. 083	0. 208	0. 208
SITC4	0. 273	0. 333	0. 310	0. 250	—	0. 077	0. 242	0. 154	0. 261	0. 154
SITC5	0. 182	0. 190	0. 172	0. 167	0. 077	—	0. 182	0. 182	0. 174	0. 100
SITC6	0. 667	0. 485	0. 727	0. 303	0. 242	0. 182	—	0. 182	0. 515	0. 091
SITC7	0. 091	0. 095	0. 069	0. 083	0. 154	0. 182	0. 182	—	0. 130	0. 182
SITC8	0. 545	0. 609	0. 586	0. 208	0. 261	0. 174	0. 515	0. 130	—	0. 043
SITC9	0. 121	0. 143	0. 103	0. 208	0. 154	0. 100	0. 091	0. 182	0. 043	—

附表 A6　2015 年产品邻近程度（$\varphi_{i,j}$）矩阵（1 位码）

编码	SITC0	SITC1	SITC2	SITC3	SITC4	SITC5	SITC6	SITC7	SITC8	SITC9
SITC0	—	0. 667	0. 667	0. 303	0. 364	0. 242	0. 727	0. 182	0. 576	0. 152
SITC1	0. 667	—	0. 586	0. 320	0. 320	0. 240	0. 576	0. 200	0. 560	0. 200
SITC2	0. 667	0. 586	—	0. 448	0. 276	0. 276	0. 667	0. 172	0. 448	0. 207
SITC3	0. 303	0. 320	0. 448	—	0. 250	0. 292	0. 364	0. 125	0. 250	0. 250
SITC4	0. 364	0. 320	0. 276	0. 250	—	0. 063	0. 273	0. 188	0. 348	0. 125
SITC5	0. 242	0. 240	0. 276	0. 292	0. 063	—	0. 242	0. 154	0. 217	0. 083
SITC6	0. 727	0. 576	0. 667	0. 364	0. 273	0. 242	—	0. 212	0. 515	0. 152
SITC7	0. 182	0. 200	0. 172	0. 125	0. 188	0. 154	0. 212	—	0. 174	0. 077
SITC8	0. 576	0. 560	0. 448	0. 250	0. 348	0. 217	0. 515	0. 174	—	0. 130
SITC9	0. 152	0. 200	0. 207	0. 250	0. 125	0. 083	0. 152	0. 077	0. 130	—

附表 A7　2016 年产品邻近程度（$\varphi_{i,j}$）矩阵（1 位码）

编码	SITC0	SITC1	SITC2	SITC3	SITC4	SITC5	SITC6	SITC7	SITC8	SITC9
SITC0	—	0. 654	0. 692	0. 462	0. 308	0. 269	0. 692	0. 038	0. 692	0. 231
SITC1	0. 654	—	0. 591	0. 316	0. 263	0. 263	0. 480	0. 158	0. 600	0. 316
SITC2	0. 692	0. 591	—	0. 591	0. 318	0. 227	0. 600	0. 091	0. 545	0. 273
SITC3	0. 462	0. 316	0. 591	—	0. 389	0. 333	0. 480	0. 111	0. 450	0. 278

续表

编码	SITC0	SITC1	SITC2	SITC3	SITC4	SITC5	SITC6	SITC7	SITC8	SITC9
SITC4	0.308	0.263	0.318	0.389	—	0.083	0.280	0.167	0.350	0.333
SITC5	0.269	0.263	0.227	0.333	0.083	—	0.240	0.111	0.250	0.222
SITC6	0.692	0.480	0.600	0.480	0.280	0.240	—	0.160	0.520	0.200
SITC7	0.038	0.158	0.091	0.111	0.167	0.111	0.160	—	0.100	0.111
SITC8	0.692	0.600	0.545	0.450	0.350	0.250	0.520	0.100	—	0.100
SITC9	0.231	0.316	0.273	0.278	0.333	0.222	0.200	0.111	0.100	—

附表 A8　2017 年产品邻近程度（$\varphi_{i,j}$）矩阵（1 位码）

编码	SITC0	SITC1	SITC2	SITC3	SITC4	SITC5	SITC6	SITC7	SITC8	SITC9
SITC0	—	0.556	0.611	0.389	0.278	0.333	0.571	0.111	0.667	0.222
SITC1	0.556	—	0.733	0.429	0.214	0.357	0.429	0.214	0.563	0.143
SITC2	0.611	0.733	—	0.467	0.333	0.267	0.524	0.067	0.625	0.200
SITC3	0.389	0.429	0.467	—	0.385	0.385	0.381	0.154	0.375	0.308
SITC4	0.278	0.214	0.333	0.385	—	0.100	0.238	0.200	0.188	0.375
SITC5	0.333	0.357	0.267	0.385	0.100	—	0.286	0.300	0.313	0.200
SITC6	0.571	0.429	0.524	0.381	0.238	0.286	—	0.286	0.571	0.190
SITC7	0.111	0.214	0.067	0.154	0.200	0.300	0.286	—	0.250	0.100
SITC8	0.667	0.563	0.625	0.375	0.188	0.313	0.571	0.250	—	0.188
SITC9	0.222	0.143	0.200	0.308	0.375	0.200	0.190	0.100	0.188	—

附录B “一带一路”沿线主要国家产品密度

由于篇幅所限，附录B仅放入1995年和2017年“一带一路”沿线主要国家产品密度（SITC－1位码）。

附表B1 1995年“一带一路”沿线主要国家产品密度（SITC－1位码）

国家代码	国家	SITC0	SITC1	SITC2	SITC3	SITC4	SITC5	SITC6	SITC7	SITC8	SITC9
48	巴林	0. 386	0. 357	0. 408	0. 251	0. 250	0. 432	0. 206	0. 590	0. 421	0. 497
50	孟加拉国	0. 371	0. 420	0. 566	0. 430	0. 431	0. 429	0. 397	0. 000	0. 429	0. 503
191	克罗地亚	0. 714	0. 711	0. 716	0. 700	0. 764	0. 747	0. 921	0. 722	0. 665	0. 503
156	中国	0. 371	0. 247	0. 331	0. 276	0. 281	0. 286	0. 190	0. 000	0. 206	0. 280
203	捷克	0. 414	0. 280	0. 191	0. 338	0. 256	0. 342	0. 206	0. 132	0. 369	0. 000
233	爱沙尼亚	0. 714	0. 700	0. 706	0. 613	0. 687	0. 783	0. 730	0. 444	0. 699	0. 503
348	匈牙利	0. 786	0. 711	0. 768	0. 855	0. 764	0. 735	0. 794	0. 410	0. 764	0. 503
360	印度尼西亚	0. 800	0. 810	0. 783	0. 710	0. 687	0. 870	0. 810	0. 722	0. 807	1. 000
376	以色列	0. 271	0. 259	0. 300	0. 300	0. 216	0. 167	0. 111	0. 000	0. 292	0. 000
398	哈萨克斯坦	0. 614	0. 711	0. 675	0. 637	0. 622	0. 664	0. 651	0. 444	0. 785	0. 224
400	约旦	0. 400	0. 574	0. 421	0. 579	0. 372	0. 405	0. 603	0. 410	0. 579	0. 720
414	科威特	0. 114	0. 124	0. 139	0. 000	0. 125	0. 179	0. 127	0. 313	0. 107	0. 000
417	吉尔吉斯斯坦	0. 714	0. 711	0. 768	0. 734	0. 733	0. 794	0. 730	0. 722	0. 871	0. 224
428	拉脱维亚	0. 514	0. 453	0. 520	0. 589	0. 517	0. 615	0. 492	0. 410	0. 678	0. 224
440	立陶宛	0. 429	0. 588	0. 483	0. 483	0. 497	0. 497	0. 651	0. 444	0. 579	0. 224

续表

国家代码	国家	SITC0	SITC1	SITC2	SITC3	SITC4	SITC5	SITC6	SITC7	SITC8	SITC9
458	马来西亚	0.429	0.445	0.232	0.328	0.312	0.441	0.413	0.722	0.377	0.497
462	马尔代夫	0.186	0.297	0.375	0.276	0.306	0.262	0.397	0.000	0.223	0.503
498	摩尔多瓦	0.414	0.439	0.406	0.531	0.392	0.535	0.571	0.687	0.579	0.720
512	阿曼	0.214	0.124	0.232	0.097	0.236	0.309	0.206	0.590	0.193	0.000
586	巴基斯坦	0.600	0.577	0.566	0.613	0.562	0.605	0.603	0.132	0.592	0.503
608	菲律宾	0.286	0.407	0.452	0.372	0.361	0.349	0.476	0.278	0.352	1.000
616	波兰	0.714	0.700	0.706	0.613	0.687	0.783	0.730	0.444	0.699	0.503
634	卡塔尔	0.200	0.259	0.248	0.145	0.216	0.179	0.238	0.313	0.193	0.000
642	罗马尼亚	0.657	0.616	0.656	0.517	0.497	0.551	0.508	0.590	0.507	0.776
682	沙特阿拉伯	0.114	0.124	0.139	0.000	0.125	0.179	0.127	0.313	0.107	0.000
699	印度	0.686	0.687	0.644	0.710	0.562	0.691	0.683	0.410	0.699	1.000
702	新加坡	0.214	0.179	0.248	0.145	0.291	0.309	0.206	0.590	0.193	0.000
703	斯洛伐克	0.500	0.415	0.300	0.483	0.347	0.342	0.317	0.132	0.455	0.000
705	斯洛文尼亚	0.457	0.382	0.439	0.421	0.372	0.286	0.302	0.000	0.292	0.280
764	泰国	0.414	0.453	0.375	0.459	0.437	0.438	0.603	0.132	0.386	0.503
792	土耳其	0.557	0.530	0.737	0.624	0.542	0.646	0.556	0.556	0.623	1.000
807	马其顿	0.700	0.577	0.659	0.710	0.673	0.735	0.683	0.410	0.678	0.503
818	埃及	0.529	0.577	0.566	0.492	0.531	0.664	0.540	0.444	0.699	0.224

附表 B2 2017 年“一带一路”沿线主要国家产品密度（SITC－1 位码）

国家代码	国家	SITC0	SITC1	SITC2	SITC3	SITC4	SITC5	SITC6	SITC7	SITC8	SITC9
8	阿尔巴尼亚	0.401	0.548	0.375	0.470	0.508	0.438	0.534	0.314	0.396	0.317
31	阿塞拜疆	0.104	0.118	0.122	0.000	0.166	0.151	0.110	0.091	0.100	0.160
100	保加利亚	0.881	0.843	0.913	0.835	0.870	0.882	0.836	0.822	0.850	0.844
156	中国	0.361	0.331	0.318	0.278	0.271	0.354	0.247	0.319	0.220	0.248
191	克罗地亚	0.837	0.843	0.843	0.741	0.751	0.764	0.795	0.822	0.833	0.753

续表

国家代码	国家	SITC0	SITC1	SITC2	SITC3	SITC4	SITC5	SITC6	SITC7	SITC8	SITC9
203	捷克	0.361	0.331	0.318	0.278	0.271	0.354	0.247	0.319	0.220	0.248
233	爱沙尼亚	0.747	0.745	0.774	0.624	0.708	0.764	0.712	0.643	0.749	0.649
268	格鲁吉亚	0.465	0.472	0.488	0.509	0.460	0.489	0.438	0.403	0.649	0.392
348	匈牙利	0.119	0.310	0.247	0.284	0.250	0.249	0.329	0.244	0.329	0.271
360	印度尼西亚	0.673	0.804	0.669	0.610	0.615	0.663	0.658	0.635	0.649	0.770
376	以色列	0.242	0.216	0.207	0.234	0.146	0.112	0.082	0.348	0.236	0.203
398	哈萨克斯坦	0.420	0.437	0.259	0.259	0.414	0.369	0.260	0.301	0.420	0.363
400	约旦	0.580	0.607	0.584	0.625	0.482	0.500	0.685	0.560	0.580	0.495
428	拉脱维亚	0.465	0.472	0.488	0.509	0.460	0.489	0.438	0.403	0.649	0.392
440	立陶宛	0.684	0.725	0.706	0.625	0.648	0.651	0.795	0.652	0.680	0.654
458	马来西亚	0.208	0.236	0.226	0.165	0.253	0.309	0.260	0.210	0.217	0.406
462	马尔代夫	0.000	0.153	0.160	0.119	0.120	0.131	0.164	0.066	0.178	0.115
498	摩尔多瓦	0.565	0.568	0.602	0.625	0.438	0.539	0.671	0.501	0.546	0.586
512	阿曼	0.253	0.118	0.314	0.131	0.259	0.292	0.233	0.219	0.251	0.234
586	巴基斯坦	0.331	0.425	0.460	0.350	0.304	0.367	0.329	0.385	0.331	0.312
608	菲律宾	0.104	0.118	0.105	0.165	0.087	0.157	0.151	0.119	0.117	0.247
616	波兰	0.510	0.484	0.669	0.528	0.484	0.625	0.534	0.512	0.549	0.438
642	罗马尼亚	0.673	0.533	0.509	0.552	0.508	0.599	0.521	0.486	0.537	0.426
643	俄罗斯	0.554	0.535	0.398	0.471	0.576	0.487	0.384	0.479	0.521	0.557
699	印度	0.524	0.641	0.652	0.468	0.514	0.518	0.521	0.655	0.515	0.575
702	新加坡	0.431	0.314	0.453	0.390	0.551	0.489	0.452	0.457	0.451	0.390
703	斯洛伐克	0.183	0.177	0.154	0.164	0.190	0.231	0.082	0.170	0.220	0.151
705	斯洛文尼亚	0.272	0.275	0.224	0.281	0.233	0.231	0.164	0.348	0.303	0.255
792	土耳其	0.391	0.465	0.512	0.444	0.467	0.445	0.384	0.444	0.381	0.312
804	乌克兰	0.539	0.531	0.575	0.627	0.460	0.529	0.507	0.522	0.699	0.587
807	马其顿	0.732	0.572	0.562	0.622	0.464	0.481	0.521	0.664	0.554	0.478
818	埃及	0.480	0.585	0.628	0.565	0.595	0.513	0.479	0.684	0.615	0.673

附表 B3 2017 年“一带一路”沿线主要国家产品培育顺序（SITC－2 位码）

培育顺序	8	31	100	156	191	203	233	268	348	360	376	398	400	428	440	458	498	512	586	608	616	642	643	699	702	703	807	818
1	28	28	27	77	08	73	25	28	74	25	59	25	01	21	21	25	22	25	26	88	35	78	25	29	88	74	21	27
2	34	25	28	78	02	78	21	21	78	34	29	34	05	02	29	34	28	28	29	83	08	74	34	26	73	78	28	26
3	27	29	02	74	00	74	32	22	77	32	79	28	02	11	02	75	27	34	05	97	32	62	32	05	75	73	29	05
4	84	26	04	75	06	72	24	00	71	28	89	32	08	08	26	23	06	93	06	75	24	77	28	27	72	69	05	29
5	25	34	22	76	04	77	02	04	87	26	66	93	27	24	08	87	05	27	27	43	00	81	93	84	87	35	26	06
6	06	27	06	62	22	71	00	27	22	23	52	42	29	07	07	57	04	52	08	51	01	82	33	79	51	62	06	84
7	65	04	05	85	01	75	07	08	35	03	54	27	06	04	01	32	08	33	01	28	21	00	42	03	97	81	22	02
8	26	32	00	83	27	76	56	05	75	68	53	33	55	25	04	76	21	42	03	79	81	69	68	01	83	76	08	33
9	42	01	08	73	05	62	96	02	00	43	58	26	21	00	06	43	02	04	28	42	02	63	52	65	71	00	27	42
10	12	02	56	89	07	81	11	06	62	42	55	22	54	32	05	77	01	67	12	84	04	22	27	06	77	82	01	55
11	04	05	12	69	24	69	08	35	82	33	97	24	66	22	00	88	12	22	84	34	06	71	23	43	74	63	02	65
12	05	08	24	67	35	63	34	01	76	67	05	56	56	01	35	42	84	56	21	23	07	35	67	66	57	77	11	04
13	67	21	35	64	21	82	35	12	81	27	01	67	04	96	24	74	00	26	04	27	69	64	26	83	76	24	59	66
14	68	07	67	65	55	87	81	24	69	07	27	02	58	03	11	93	03	84	65	26	64	67	07	51	89	64	04	56
15	85	03	33	82	12	89	03	56	24	24	84	52	07	35	03	33	67	68	43	57	09	24	24	85	78	72	03	58
16	62	43	34	81	82	64	04	11	73	93	26	21	84	56	09	71	35	32	07	85	82	76	03	04	79	67	84	52

续表

培育顺序	8	31	100	156	191	203	233	268	348	360	376	398	400	428	440	458	498	512	586	608	616	642	643	699	702	703	807	818
17	52	42	42	63	03	35	09	82	64	04	06	04	79	29	27	68	42	24	02	87	63	85	56	08	23	71	56	08
18	56	33	21	87	09	24	22	81	63	84	02	68	03	09	56	73	24	05	85	05	03	73	12	07	41	61	12	68
19	03	56	84	61	81	00	63	41	61	06	56	03	26	81	53	83	29	06	61	77	58	04	02	61	59	04	33	67
20	66	12	52	84	69	23	82	67	72	85	51	84	09	69	22	63	65	02	67	65	22	61	84	89	85	89	00	28
21	02	24	03	00	56	61	93	84	89	63	57	12	12	82	82	26	56	21	66	68	78	06	04	53	62	65	52	12
22	01	52	82	71	84	67	33	69	58	12	08	06	00	06	81	03	11	51	33	33	61	65	09	02	58	75	07	07
23	33	22	07	72	61	58	69	03	08	05	11	07	22	63	55	96	63	08	53	12	05	84	35	12	64	85	42	09
24	08	00	09	66	64	85	12	63	55	09	64	05	61	53	96	24	07	12	68	06	62	75	82	67	54	12	32	03
25	00	68	25	24	63	96	76	07	01	65	67	08	35	12	12	28	09	63	79	59	55	08	63	54	66	58	65	53
26	22	06	63	58	62	54	53	78	06	82	33	00	11	27	69	62	61	07	55	04	12	27	22	55	93	84	67	61
27	61	84	26	54	67	55	67	52	57	61	83	63	53	41	61	81	26	00	42	62	27	87	00	28	53	96	24	01
28	32	11	68	97	58	65	06	62	85	02	61	23	28	05	63	09	82	09	09	93	56	12	06	68	96	03	97	64
29	29	55	55	12	65	09	52	64	04	62	72	35	52	55	65	72	55	35	69	89	65	89	43	09	43	34	35	97
30	97	09	01	88	54	57	01	55	12	08	12	66	24	66	66	64	69	03	64	67	84	72	05	56	69	22	93	59
31	64	61	69	04	66	41	29	32	02	64	07	62	64	84	58	35	66	82	83	52	66	58	62	52	81	09	55	89
32	63	93	81	42	29	04	55	54	54	56	87	82	68	61	84	52	81	59	22	01	54	54	21	58	65	23	53	00
33	93	59	58	23	53	66	58	09	65	01	65	09	65	52	33	97	85	55	56	03	96	55	66	64	52	02	43	79

续表

培育顺序	8	31	100	156	191	203	233	268	348	360	376	398	400	428	440	458	498	512	586	608	616	642	643	699	702	703	807	818
34	24	67	64	68	68	68	27	97	67	35	68	85	69	65	59	85	64	97	82	64	89	42	81	42	67	25	66	43
35	51	65	66	35	89	88	66	42	84	66	81	01	89	33	64	78	62	11	58	66	41	03	65	22	82	56	41	81
36	69	35	65	79	11	22	28	66	09	52	04	55	42	58	54	82	54	85	11	08	25	01	64	33	61	55	96	82
37	83	58	93	03	28	06	41	58	21	22	09	29	82	62	68	69	58	65	59	72	67	02	85	69	63	54	09	63
38	55	82	61	22	26	34	68	61	66	81	93	65	81	67	67	51	68	64	00	29	68	68	96	82	55	87	58	69
39	82	57	32	43	52	84	61	29	96	21	41	61	67	54	62	07	33	53	24	82	11	66	69	62	68	08	79	54
40	79	53	29	06	42	42	65	65	05	00	82	58	33	76	52	12	52	66	62	41	71	56	76	63	42	93	54	21
41	89	63	62	53	78	56	5	89	56	69	00	81	63	26	57	65	53	62	35	09	53	09	08	00	84	66	82	24
42	35	96	11	51	85	12	62	96	68	29	78	11	62	64	42	22	77	81	54	61	74	05	51	81	00	06	63	35
43	09	81	54	55	33	97	26	53	23	77	88	64	85	85	25	56	83	29	63	63	26	21	58	97	09	42	61	62
44	58	62	85	52	79	02	74	85	27	58	71	69	59	68	76	67	79	58	89	55	29	11	61	11	33	68	69	93
45	43	64	53	56	32	83	54	33	07	76	35	59	97	28	43	59	78	23	32	76	42	57	53	21	56	53	83	57
46	81	23	59	27	96	08	64	68	11	75	62	54	78	78	28	00	97	61	57	07	76	28	55	24	35	07	68	22
47	07	66	89	96	74	53	59	93	42	83	69	43	96	74	32	04	74	43	97	11	72	83	11	59	11	27	25	11
48	78	69	78	09	77	03	42	59	03	96	03	53	41	89	78	58	89	69	34	24	85	34	41	35	29	32	34	34
49	54	97	79	93	72	52	84	26	41	89	21	51	72	42	89	53	59	79	81	58	23	96	59	32	24	11	85	85
50	11	85	96	57	76	07	23	74	53	53	43	77	43	59	41	61	43	88	52	22	52	07	29	88	34	41	81	51

后 记

新形势下世界各国面临的经济发展形势依然严峻，国际经济合作和竞争格局正在发生深刻变化，随着全球经济缓慢复苏，加强区域合作和交流是推动世界经济发展的重要动力，也是一种发展趋势。“一带一路”倡议是中国政府根据国际和地区形势的深刻变化和中国目前发展面临的新形势和新任务的基础上提出的，“一带一路”倡议致力于维护全球自由贸易体系和开放型经济体系，实现沿线各国强烈的合作交流诉求，具有深刻的时代背景。

改革开放40多年的实践证明，对外开放、引进技术和出口商品都是中国经济持续快速增长的重要动力。新时期国内经济增长缺乏动力，中国面临产能过剩、改革进入深水区、东中西区域发展差距拉大，加之邻国与中国加强合作意愿普遍上升等原因，新形势下需要新的形式拉动经济发展。中国经济发展和世界经济高度关联，中国作为最大的发展中国家，将继续贯彻对外开放政策，构建全方位开放新格局，深度融入世界经济体系。推进“一带一路”建设既是中国扩大和深化对外开放的需要，也是加强与世界各国互利合作的需要。在这种特殊背景下，中国提出和建设“一带一路”倡议，是作为负责任大国为世界经济与和平发展做出的重大贡献。

“一带一路”沿线国家众多，各国资源禀赋各异，经济发展水平差距较大，“一带一路”倡议的提出为沿线国家提供了前所未有的发展机遇。目前，各国之间经贸合作势头良好，发展空间巨大。在“一带一路”背景下，如何更好地发挥沿线国家比较优势，积极参与到“一带一路”建设和发展中，实现沿线国家共同发展值得研究。鉴于以上对国内外经济环境变化的观察和思考，构成本书撰写的背景和依据，本书是基于笔者的博士论文基础，历时两年构思与论证撰写，不断修改与完善，最终呈现在读者面前。

本书能够顺利完成写作，感谢恩师黄晓玲教授，恩师学识渊博、治学严谨、认真负责的态度值得我终身学习！感谢石河子大学经济与管理学院杨兴全院长、程广斌副院长等领导对我的关心和支持，我将永远铭记于心！感谢经济学系各位同事对我真诚的帮助！本书能够顺利出版，感谢石河子大学和经济管理出版社！在此一并表达我最真挚的感谢！

笔者